开放创新社区中的用户创意质量提升机制

——社区氛围的视角

付轼辉 著

知识产权出版社
全国百佳图书出版单位
—北 京—

图书在版编目（CIP）数据

开放创新社区中的用户创意质量提升机制 ：社区氛围的视角/付轼辉著. —北京：知识产权出版社，2022.7

ISBN 978-7-5130-8216-7

Ⅰ.①开… Ⅱ.①付… Ⅲ.①企业管理-知识创新-研究 Ⅳ.①F272.4

中国版本图书馆 CIP 数据核字（2022）第 108153 号

内容简介

本书从社区氛围的视角出发，探讨如何提升开放创新社区中的用户创意质量。在对用户创新、组织氛围、创造力等理论进行系统回顾与梳理的基础上，利用四个逐步递进的研究，解释了社区氛围对于用户创意质量的作用机制。研究结论对于开放创新社区的理论与实践均有一定启示意义，有助于开放创新社区的从业者和相关人员理解社区运营规律，辅助其在实践中进行管理决策。

本书可作为经济管理类专业本科生、研究生及工商管理硕士（MBA）的研究参考书。

责任编辑：曹靖凯　　　　**责任印制**：孙婷婷

开放创新社区中的用户创意质量提升机制——社区氛围的视角

KAIFANG CHUANGXIN SHEQU ZHONG DE YONGHU CHUANGYI ZHILIANG TISHENG JIZHI——SHEQU FENWEI DE SHIJIAO

付轼辉　著

出版发行：	知识产权出版社有限责任公司	**网　　址**：	http：// www.ipph.cn
电　　话：	010－82004826		http：// www.laichushu.com
社　　址：	北京市海淀区气象路 50 号院	**邮　　编**：	100081
责编电话：	010－82000860 转 8763	**责编邮箱**：	caojingkai@ cnipr.com
发行电话：	010－82000860 转 8101	**发行传真**：	010－82000893
印　　刷：	北京中献拓方科技发展有限公司	**经　　销**：	新华书店、各大网上书店及相关专业书店
开　　本：	720mm×1000mm　1 / 16	**印　　张**：	13
版　　次：	2022 年 7 月第 1 版	**印　　次**：	2022 年 7 月第 1 次印刷
字　　数：	200 千字	**定　　价**：	68.00 元

ISBN 978-7-5130-8216-7

前 言

创意是创新的首个阶段，是产品创新和商业成功的关键驱动力。在强调差异化的竞争环境中，生成和管理持续的创意流入对于企业开发新产品、新服务和新流程至关重要。在开放式创新背景下，许多企业已不满足于在组织内部寻求创意，而是更多地邀请外部用户参与到创意生成过程中。为此，许多企业引入了 Web 2.0 技术作为连接企业和外部创造力的窗口，其中最重要的一种工具即开放创新社区。在企业主导的开放创新社区中，用户可以相互交流、学习、合作和竞争，为主导企业贡献有价值的创意。一些知名企业，例如小米、海尔、戴尔和星巴克等都从开放创新社区中获取了大量具有商业潜力的创意。尽管如此，在实践中也有许多开放创新社区面临着失败的危险：一些社区并未能使用户产生足够多的创意；一些社区则被低质量的内容"淹没"了。这些失败的实践表明仅仅构建一个开放创新社区是不够的，企业要对开放创新社区进行精心的管理，才能提升社区中的创意质量。

在开放创新社区中，用户的行为是嵌入虚拟的交互情境中的。因此，尽管企业无法通过传统的控制手段直接影响用户，但是可以通过营造良好的社区氛围，使用户产生被社区所期望、鼓励和支持的心理感知，从而促进创意生成过程。由此，基于用户创新理论、创造力理论和组织氛围理论，本书旨在探讨"开放创新社区氛围是如何影响用户创意质量的"这一核心问题，并具体通过四个逐步递进的子研究回答该问题：子研究一利用扎根理论对 25 名企业经理、社区管理员和用户的访谈资料展开质性分析，初步构建了本研究的概念框架；子研究二在子研究一的基础上，通过归纳和演绎题项、内容效度检验、因子分析等步骤，开发了开放创新社区氛围的量表；子研究三在子研究一和子研究二的基础上，基于环境心理学中的"S-O-R"理论提出了研究假设，并利用层级线性回归方法对假设进行了实证检验；子研究四进一步区分了用户创意中的核心系统创意和周边系统创意，利用构型理论中的 fsQCA 方法，探讨了能够取得高质量创意的社区构型。本书的研究主要有以下发现：

（1）开放创新社区氛围是一个二阶构念，包括创新氛围、互动氛围和控制氛围 3 个维度。利用扎根理论方法界定了开放创新社区氛围的内涵：社区氛围是成员对社区中所重复出现的态度、实践和行为模式的共同感知。进一步地，开发了包含创新氛围、互动氛围和控制氛围 3 个一阶因子和 10 个二阶因子的开放创新社区氛围量表。

（2）社区氛围对用户创意质量有正向影响，并且用户就绪（用户对于创新行为的准备程度）发挥了中介的作用。通过层级线性回归方法验证了社区创新氛围、互动氛围和控制氛围对用户创意均有显著的正向影响。并且，用户就绪在互动氛围和用户创意质量的关系之间起部分中介作用，在控制氛围和用户创意质量的关系之间起完全中介作用。这说明互动氛围和控制氛围都有助于提升用户就绪程度，进而产生高质量创意。

（3）利用 fsQCA 方法，识别出了能够获高质量创意的两种基本社区构型：创新导向型社区（限定任务社区、领先用户社区）和互动导向型社区（同侪互动社区、开放竞赛社区）。创新导向型社区具有高创新氛围和高控制氛围的特征，有助于获取核心系统高质量创意；而互动导向型社区具有高互动氛围和较低的控制氛围，有助于获取周边系统高质量创意。

研究所作出的理论贡献分布在组织氛围研究、用户创新理论和开放创新社区研究 3 个领域。首先，本书的研究开发的开放创新社区氛围量表明确了社区氛围的内涵、边界和内部结构，不仅丰富了传统的组织氛围研究，也为关于社区氛围的研究提供了操作化测量工具，夯实了未来实证研究的基础；其次，本书的研究提出和验证的“社区氛围—用户就绪—用户创意质量”的理论框架，是对用户创新绩效前因的重要补充，弥补了以往用户创新研究重视个体特征而忽视社会情景的缺陷；最后，本研究提炼的 4 种能够取得高质量创意的社区构型，不仅解释了不同社区呈现出差异性绩效的原因，也为关于社区的讨论提供了概念基础。

本研究的创新点在于：首先，区别于以往宽泛的社区用户行为的研究，本书的研究聚焦于用户的创意，这是对以往用户行为研究的进一步聚焦和深化，有助于形成对用户行为更精准的理解。其次，现有文献多从个体视角探讨用户创意质量的影响因素，而忽略了社会情境的影响。本书的研究则从社区氛围出发探索用户创意质量的影响因素，揭示了社区氛围影响用户创意质量的中间机制。最后，尽管对开放创新社区的研究越来越丰富，然而尚未有系统的框架将差异化的开放创新社区类型归纳进来。本书的研究基于构型理论，归纳了能够产生高质量用户创意的社区类型，不仅提供了一个关于开放创新社区类型的讨论框架，同时也为开放创新社区的环境和机制设计提供了新视角。

目 录

第一章 绪 论

第二章 理论基础和文献综述

第三章 开放创新社区氛围的内涵、前因与后果：基于扎根理论的探索性研究

第四章　开放创新社区氛围量表开发

第五章　开放创新社区氛围与用户创意质量关系的实证研究

第六章　高质量创意的社区构型：基于社区氛围的定性比较分析

第七章 研究结论、贡献与展望

第一章

绪　论

创意是企业创造新产品、新服务、新业务模式、新流程和带来组织战略变革的生命线。在快速变化的商业环境中，创意对于企业获取竞争优势越来越重要（Van den Ende et al.，2015）。在开放式创新背景下，用户是企业重要的创意来源之一，越来越多的企业从组织边界外的用户当中寻求建议、想法和创意。Web 2.0 时代的到来和社会化媒体的普及进一步推动了这一进程，尤其是开放创新社区（Open Innovation Community，OIC）成为用户共创、讨论、修改和分享创意的重要平台。实践表明，一些开放创新社区能够有效地产生新颖和具有商业潜力的创意。然而在实践中，并非所有的开放创新社区都获得了成功。一些社区由于缺乏良好的社区环境和氛围，导致用户缺乏持续参与，并且用户生成内容（User Generated Content，UGC）质量低下，无法为企业提供有效的创意支持。针对开放创新社区实践中的挑战，本研究基于社区氛围视角，为促进用户生成高质量创意提供理论指导。本章首先介绍了研究背景，在此基础上提出了所探索的具体问题及其理论和实践意义。在细化研究内容和拟采用的研究方法基础上，概括了全书的逻辑结构和研究框架。

第一节 研究背景

第一，制造商主导的创新范式向用户创新范式转变。

从熊彼特（Schumpeter）提出创新和经济发展理论一直到20世纪70年代，制造商主导的创新范式一直是创新研究和实践的主流。在该价值体系中，企业为用户开发新产品，而用户购买和使用生产商的产品，用户仅被认为是被动的创新接受者。然而，冯希普尔（Von Hippel，1976）在20世纪70年代通过对用户创新现象的研究发现，传统的创新范式在根本上是有缺陷的：用户本身就是产品创新的主要来源。这种观点认为用户不仅是“市场”，而且是具有发言权和参与权的能动创新主体，他们在创新过程中扮演着核心和非常活跃的角色。此后，学者们在对化工、电子、医药、快速消费品、软件开发等多个行业的研究中，都发现了用户进行创新的证据（表1.1）。一项调查显示，在美国、日本、瑞典、韩国等国家，有约5%的用户参与过创新活动，用户在创新活动中的投资总额甚至比国内行业研发支出还要高，并且其效率要大于企业中的创新（Franke et al.，2016）。这些证据有力支持了制造商创新向用户创新范式转变的观点。在近30年的时间里，用户创新研究逐渐发展成为创新管理领域最为重要的研究主题之一。安东斯（Antons，2016）把1984—2013年发表在*Journal of Product Innovation Management*期刊上的1008篇文章分为了57个类别，利用主题分析技术研究了各个类别的演变趋势和轨迹，发现“用户与创新”（Users and Innovation）属于最具活力的“长青”主题之一。相应地，在商业实践中也有大量企业意识到用户对于创新的重要价值，并有意识地将用户整合到组织内部的研发过程中来，利用用户的知识输入来加速创新过程。例如，苹果公司向全世界的用户和爱好者们开放其应用系统，由他们在应用系统中创建App软件和播客，极大地丰富了企业的产品体系。“用户驱动的创新”“共创价值”“用户参与”“用户赋权”等强调用户创新价值的概念已经成为商业实践的热点话题。

表 1.1 用户创新行业分布和比例的经验证据

产品领域	样本用户创新比例/%	样本量/个	相关信息
计算机辅助设计软件	23	136	(Urban & Von Hippel, 1998)
医疗手术设备	22	262	(Luthje, 2003)
户外运动器械	23	287	(Luthje, 2004)
信息系统	26	102	(Morrison et al., 2004)
极限运动装备	35	139	(Schreier & Prugl, 2008)
服务器软件	22	333	(Fuller et al., 2013)
水上运动设备	45	607	(Tietze et al., 2015)

第二，信息技术推动用户创新从线下转到线上，开放创新社区成为用户创造、分享和传播创新的重要实践阵地。

冯希普尔（2006）在其《民主化创新》中预言，未来先进技术的涌现将推动用户创新进一步发展。这一判断随着 Web 2.0 技术的发展得到了印证。随着社会信息传播范式由广播网络演变为社交网络，用户参与创新的媒介由面对面的人际接触逐渐转变为在各种社会化媒体上的合作，开放创新社区应运而生。开放创新社区是一种基于网络的虚拟交互社区，这里聚集了众多具有相似兴趣爱好的创新用户，在社区中用户可以讨论产品设想、可能的解决方案，或给出意见、评论和测试反馈（Fuller，2006）。除了具有建立个人档案、构建关系联结、创建内容等一般虚拟社区的典型特征之外，开放创新社区也有其独特性。第一，开放创新社区的主题一般是围绕某特定的产品或技术，例如 3D 打印、机器人、手机操作系统等；第二，开放创新社区中的成员大多具有较强的创新倾向，例如弗兰克（Franke，2003）通过对某户外运动装备社区的研究发现，有 32% 的社区成员曾经进行过创新，改进现有产品甚至创建全新的产品在社区中是普遍的行为；第三，开放创新社区重视知识的积累、更新和分享，不仅社区中会设置知识库、知识搜索工具等功能，社区中的成员也经常与其同侪们分享其创新知识。总而言之，开放创新社区具有利于创造、分享和传播创新的特性，用户能够以低成本共享信息和知识，从而使用户在创新过程中的作用更加显著。开放创新社区新颖的合作和解决问题的实践，使人们越来越关注“社区”现象及其对创新理论和实践的启示。

第三，开放创新社区为产生创意提供了有利环境，促进了用户生成创意的过程。

技术仅提供在线空间，成员生成的内容才是社区的本质。在开放创新社区中，成员生成的主要内容是关于产品的创意。用户在开放创新社区中积极地提供自己的创意，其提交的创意内容涵盖产品性能/可靠性、设计/美学外观、可用性/功能等诸多方面（Mahr & Lievens，2012）。以往研究表明，用户能够产生新颖、可行并且体现顾客利益的创意，而在开放创新社区中，海量的用户同侪环境更加激发了用户的潜力。基于开放创新社区的创意生成模式有诸多优势：首先，社区中用户的知识结构是异质性的，他们从不同的角度看待问题，从而产生多样性的创意。其次，社区可以实现个人创新的积累和改善，因为每个人都可以在他人的创意基础之上进一步开发，通过创意的提交、反馈、讨论和改进的迭代过程，原始的创意逐渐发展为较为完善的创意。再次，社区同侪评阅机制有助于识别最有吸引力的创意。社区内的用户可以查看其他用户的创意，并进行评分和投票。这样，最受欢迎的创意会被有效地筛选出来，从而节省了评估创意的时间和成本。最后，社区鼓励用户交流与互动，用户与用户之间可以积极地讨论有关创意，促进了知识的积累、重用和组合。新的知识往往在已有知识基础上被创造出来，因此基于社区用户互动产生的产品创意可能会比单个用户的方案更加优越。

第四，由于基于社区的创意生成模式的优势，开放创新社区已经成为企业的重要战略资产。

众多知名企业建立了开放创新社区以吸取外部创意，例如，戴尔公司创立了在线创意平台 Idea Storm，不断收集消费者的各种创意和想法，对其评估后再采纳实施。通过该平台产生并且实施的创意已经超过了一万条；时装企业 Threadless 通过在线社区邀请用户们为其设计 T 恤图案，该社区每周收到来自世界各地的 500 个设计，并且每个设计平均都收到了 1500 个用户的评价，用户的投票决定了该设计是否会被生产上市；小米公司利用手机发烧友论坛——MIUI 社区，组织用户参与 MIUI 手机操作系统的开放式创新任务，获取有价值的用户创意并应用于 MIUI 系统的版本更新。截至 2017 年 6 月，用户通过 MIUI 论坛的新功能讨论版块共提交了 215 439 条产品创意，使 MIUI 系统实现了迭代式更新。研究表明，相比基于第三方的客户服务中心模式，公司利用在线社区用户自助服务模式能降低 70% 的成本（Kumar & Telang，2012）。在日益开放的商业模式中，企业通过社区与用户接触，并从中获取有价值的创新知识，已成为企业竞争优势的重要来源（Gangi & Wasko，2010）。企业将原本分配给内部人员的创意任务转移给社区中的海量用户，从社区用户那里了解他们的需求、灵感和建议，从而帮助企业跨越模糊前端阶段的“本地搜索”困境。在用户提交创意之后，社区进一步发展、完善创意并且将最有潜力的创意筛选出来，并且由企业进行生产开发和上市工作，从而形成了用户提交创意、社区发展创意、企业实施创意的新产品开发模式（图 1.1）。这种基于社区的创新（Community Based Innovation）模式加速了创意的产生和孵化，深刻地改变了企业传统的研发和设计活动。

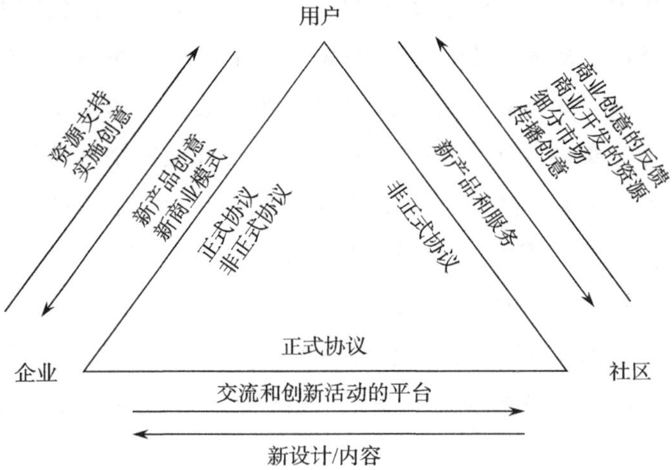

图 1.1 基于开放创新社区的创意提交、反馈和实施示意

资料来源：HIENERTH C，LETTL C，KEINZ P，2014. Synergies among Producer Firms，Lead Users，and User Communities：The Case of the LEGO Producer-User Ecosystem [J]. Journal of Product Innovation Management，31 (4)：848-866

第五，尽管开放创新社区是孕育创意的肥沃土壤，然而如何促进用户产生高质量的创意仍然是社区面临的主要挑战。

由于开放创新社区是一个开放的平台，企业将创新活动的控制权让渡给了未知的个人，因此企业很难像控制内部研发过程一样，保证开放创新社区产出的质量。实践表明，许多开放创新社区都遇到了用户参与和贡献度较低，从而无法产生高质量创新创意的难题。在一个在线社区中，大约68%的新成员在第一次参与后就离开了社区，这就意味着社区不能够持续地产生创新想法。例如，意大利企业Nestle的在线社区中的成员活动度持续下降，社区几乎没有新颖的创意产生，最终企业不得不将其关闭；一家电信运营公司的在线社区Innovation World在推出后一年就经历了重组，因为社区中充斥着大量低质量的帖子，企业无法从中获取任何有价值的想法。一些开放创新社区甚至完全背离了企业的目标，产生了大量违背技术规范和社会规范的"偏差内容"（Gatzweiler，2017），甚至会对公司的品牌和声誉造成影响。德国Henkel公司的案例恰恰印证了这一点。该企业通过一个在线创意竞赛邀请公众为其洗碗液产品设计一个新的产品标签。除了提交自己的设计和口号，参与者还可以投票选出他们最喜欢的作品。一位用户提出了一项名为"美味如鸡"的古怪设计，由于社交网络的传播特点，这一违背规则的创意迅速传播并成为投票最多的设计。然而Henkel企业显然无法接受这一个违背技术和社会规范的创意，企业与用户关于这个"创意"的争议甚至引发了一场大规模的公关危机。

第六，开放创新社区自愿性和体验性的特征，使管理者不能像一般组织那样通过合同或经济激励来促使用户贡献创意，而必须依赖于营造与用户心理需求相契合的社区氛围。

开放创新社区是具有共同目标、兴趣或需求的人群的集合，具有不同于一般的企业组织的特征：①社区具有自愿参与的文化，它没有正式的边界，用户可以较为容易地加入和离开社区，或者从一个社区转移到另外的社区；②社区中没有科层式的管理，用户行为不受严格的控制，而是受到社区的社会规范的较大影响，用户感知到的主观规范、群体规范和社会身份是其产生贡献的重要前因（Tsai & Bagozzi，2014）；③开放创新社区是一种体验式的环境，用户的创新行为并不仅仅是为了完成任务，更是出于在虚拟环境中交互而感受到的"沉浸感"，即由人机交互感受到的内在愉悦、满足和自我意识弱化等认知体验（Nambisan，2002）；④开放创新社区中的创新是一种社会化行为。创新很少单独地产生，而是需要志同道合的用户之间的交流，例如共同讨论可能的想法、使用经验和反馈意见等。因此，社区必须能够向用户提供社会和情感支持，塑造社区认同和感官体验，以此增强用户的社区承诺并在社区中产生贡献行为。基于此，社区氛围成为用户贡献行为的重要前提。氛围是用以描述环境刺激与人类行为之间动态复杂关系的心理变量，在组织研究领域已有较为成熟的探讨和应用，然而关于社区氛围的研究尚处于起步阶段。目前关于社区设计的研究多关注社区的客观环境，例如社区导航结构、站点特性、技术特征等，而对用户主观感知到的社区氛围的了解还非常有限，对其包括哪些维度、如何管理社区氛围且会产生何种后果都尚不明晰，因而也无法对企业如何创造良好的社区氛围形成指导。

第七，迄今为止，关于如何促进开放创新社区中的创意的文献大多集中于创意特征和用户个体特征两个视角，而考察社区环境因素与产品创意关系的研究尚处于初步阶段，具有较大的研究空间。

基于创意特征视角的研究包括用户创意的相对优势、用户创意与专家创意的比较、创意描述方式与其被采纳的关系等（Gangi & Wasko，2010；Poetz & Schreier，2012；Beretta & Björk，2018）；基于用户个体特征视角的研究包括社区用户贡献创意的动机、用户知识与创意采纳的关系、用户特征与创意吸引力的关系等（Tsai & Bagozzi，2014；Li et al.，2016；Jensen et al.，2014）。然而，目前从社区视角考察如何提升产品创意的研究还非常有限。尽管一些学者指出与社区相关的因素，例如社区的流畅性、可进入性、社区管理和社区规范等是用户产生贡献行为的重要前因（Nambisan，2002；Balka et al.，2014；Bauer et al，2016），然而已有研究大多为探索性研究和阐述性的实践指导，缺乏理论基础和实证检验；并且，现有研究大多只探索社区某个方面对用户的影响，研究相对分散和碎片化，尚未形成一个系统性的框架对诸多社区因素进行归纳；是否存在社区氛围因素、社区氛围因素通过何种中间机制对用户创意产生影响，目前也并不明晰（表 1.2）。因此，从社区视角探索氛围因素对用户的影响具有很大的研究潜力。

表 1.2　关于开放创新社区中的创意的相关研究

研究视角	相关信息	研究类型	研究焦点
用户个体视角	（Wu & Fang，2010）	实证研究	社区用户与用户互动对创意生成的影响
	（Mangusson et al.，2016）	实证研究	用户作为专家进行创意筛选和评估的合理性
	（Jensen，2014）	实证研究	通过社区用户参与强度、用户活动多样性、用户在社区中的时长以及其他用户的反馈等变量预测该用户提交创意的商业吸引力
	（Gangi et al.，2010）	实证研究	创意优势/兼容性/受欢迎对创意采纳的影响
创意视角	（Poetz，2012）	实证研究	在线众包竞赛中专家与用户提交创意的比较
	（Bretta et al.，2018）	实证研究	创意表述的详细程度对创意采纳的影响
	（Dahlander，2014）	实证研究	主动发布原始创意与被动回应创意对用户提交创意的影响
	（Ogink & Dong，2019）	实证研究	创意的反馈情况是否促进了用户贡献创意
	（Bauer，2016）	案例研究	社区的知识产权规范如何促进了创意生成
社区视角	（Langner，2014）	案例研究	社区支持实践如何促进用户持续地贡献创意
	（Bretta et al.，2018）	案例研究	基于 Web 的创意系统的管理原则与实践
	（Balka et al.，2014）	实证研究	社区透明性/可进入性/可复制性对用户贡献的影响

第二节　研究问题与研究对象

一、研究问题

基于上述理论和现实背景不难发现，伴随着以 Web 2.0 为主导的信息技术的普及和发展，社会信息传播范式由广播网络演变为社交网络，开放创新社区成为用户参与创新的主要阵地（焦媛媛 等，2018）。这一转变在为企业获取用户价值的同时带来了机遇与挑战，要求企业必须精心设计和管理社区环境以契合用户心理需求，才能有效地从社区中获取有价值的用户创意。组织氛围和用户创新领域的相关研究为开放创新社区实践提供了十分有益的分析视角和理论基础，但围绕社区氛围和用户创意关系的现有研究相对不足，值得开展更深入的分析和研究。综上所述，本研究主要聚焦于：借鉴组织氛围和用户创新领域的研究进展，结合开放创新社区的商业实践，剖析开放创新社区氛围的基本概念和构成维度，解释社区氛围如何影响用户生成的创意，为开放创新社区设计和管理实践提供指导。具体地，本研究将其细化为 3 个子问题。

子问题一：如何界定开放创新社区氛围的内涵，并对其进行准确的测量？

尽管针对开放创新社区的讨论日趋丰富，然而对其准确的定义和操作化的测量工具还十分欠缺。目前的研究对社区氛围的概念界定尚不清晰，仅有的若干文献将组织氛围的测量直接应用于社区氛围（范钧，梁号天，2017），然而开放社区不同于企业组织，与企业所具有的科层结构相比，社区成员之间的交换关系不是基于正式的契约，而是基于信任、共享的规范和价值观的“关系契约”以及互惠关系，因此组织氛围的测量工具对社区氛围是否适用是一个值得商榷的问题。并且，开放创新社区的实践活动区别于以软件程序开发为目的的开放源代码社区，也不完全等同于以促进社区成员品牌忠诚度为主要目的的品牌社区（秦敏 等，2015），如何开发针对开放创新社区氛围的量表，以将其与品牌社区、开源软件社区、消费社区等其他类型的在线社区分开，也是需要解决的问题之一。

子问题二：社区氛围是否会对用户创意质量产生影响，并且其具体作用机制是怎样的？

创造力理论认为，社会环境可以影响创造力行为的水平和频率。组织的环境（或成员对组织的心理感知），例如团队支持、组织鼓励、充足的资源和工作压力等环境因素，会对创意起到支持或阻碍的作用（Amabile，1996）。不同于传统企业组织，开放创新社区中的用户创意过程发生在虚拟环境中，具有自由度高、关系互动性强和集体创造的特点。由此可以推论，开放创新社区氛围（或用户对社区环境的心理感知）会对其产生的创新想法（创意）产生影响。然而具体哪些社区氛围会对用户创意产生影响，是否有关键变量在其关系中起到中介作用或调节作用，目前还不清楚。因此，开放创新社区氛围对用户创意的中间机制是一个尚未探明的黑箱。基于此，本书将首先通过探索性研究对社区氛围与用户创意质量的关系进行初步分析，进而通过大样本问卷数据对其进行实证检验。

子问题三：实践中，哪些社区氛围维度的组合有利于产生高质量的用户创意？进一步地，如何从社区氛围视角出发设计开放创新社区，从而提升用户创意的质量？

就主导企业而言，如何构建创新、和谐和高效的开放创新社区氛围，何种开放创新社区氛围更利于用户产生高质量创意，是非常关键的实际问题。组织氛围研究认为，组织氛围包括创新氛围、建言氛围、公平氛围等多种类型，每种类型的社区氛围又含有若干维度。同理，社区氛围同样可能包括较多的维度。在实践中，企业很难在每个社区氛围维度上都做到最优，或者达到最优的成本过高而难以实现，抑或一些社区氛围在本质上是相互矛盾的。由此引出了子问题三，即在实践中，哪些社区氛围维度的有效组合有利于产生高质量的用户创意？本书将从旨在解决多变量、多维度复杂问题的构型理论（Configurational Theory）出发，收集典型的开放创新社区案例资料，运用定性比较分析方法，归纳出能够产生高质量创意的社区类型及其所包含的社区氛围维度组合。在此基础上，运用研究成果对开放创新社区的设计提供指导，以使所得到的结论更加贴近实践。

二、研究对象

本书以开放创新社区为主要研究对象。开放创新社区是一类特殊的虚拟社区，其内涵与同为虚拟社区的在线品牌社区（Online Brand Community）、开源软件社区（Open Source Community）和实践社区（Community of Practice）等有很大不同。在线品牌社区的主要目的是维系企业品牌和受众粉丝的关系；开源软件社区的主要目的是开发开源软件程序；实践社区的主要对象是企业内部员工，是企业支持员工通信和在线学习的功能系统。而开放创新社区有着不同的目标、受众、参与动机和设计特性，它是以产品创新为主要目的的社区，在这里成员能积极讨论产品相关的想法、提供可能的解决方案、给出意见或进一步描述和测试（Fuller，2006）。用户创新者与他们的同侪团体寻找互补的知识和技能，以实现他们的新产品理念。开放创新社区与用户创新社区（User Innovation Community）、虚拟创新社区（Virtual Innovation Community）、在线用户社区（Online User Community）和在线创新社区（Online Innovation Community）的含义基本一致，只是在名称上略有区别。

按创建者的性质可以将开放创新社区分为两种类型，即企业主导的开放创新社区（Firm-hosted Open Innovation Community）和用户自发创立的开放创新社区。本研究的研究对象是企业主导的开放创新社区，即由企业/公司所构建并运营管理的基于互联网的产品创新社区。企业建立开放创新社区的主要目的是从中获取有益的用户贡献，尤其是关于产品创新的创意。社区用户提供的需求信息和知识创意可以成为企业新产品开发的重要外部资源。当用户在社区里表达意见、想法或创意时，公司就能监测并将这些创意知识整合到产品或服务的过程中。在社区运营中，企业并不作为主要的创新来源，而是主要起到维护社区的正常运行、提供创新所需的资源、协调社区成员的关系并激励创新用户的作用（程巧莲 等，2017）。

明确开放创新社区的内涵与特征是开展研究的基础。在以往的研究中，学者们从多个角度对开放创新社区的定义进行了归纳，见表 1.3。尽管这些定义的侧重点不同，但其也包含一些共同的方面，如开放创新社区围绕某个共同感兴趣的主题或领域展开；社区成员具有某种产品或技术的隐性需求和知识等。根据学者们的定义，对开放创新社区的特征归纳如下。

表 1.3　现有文献对开放创新社区内涵的界定

定义/内涵	相关信息
开放创新社区是个人或公司以电子交流方式传递产品信息相互连接形成的网络	（Von Hippel，2005）
用户创新者与他们的朋友、同侪团体成员、亲戚和熟人取得联系，寻找互补的知识和技能，以实现他们的新产品理念的场所	（Fuller & Emst，2006）
由计算机通信支持，分布式的个体专注于解决一个普遍性问题或开发新解决方案的虚拟社区	（Dahlander & Piezunka，2014）
开放创新社区是用户的自愿结合，他们通过共同的工具性目标团结在一起，以创造、改进、采纳和传播创新	（West & Lakhanik，2008）
开放创新社区是非正式的社交网络，个人在其中交换信息和知识，以及关于共同话题或兴趣领域的创新思想和产品	（Hienerth & Lettl，2011）
具有领先用户特征的用户相互交互，以创建新产品和服务知识的虚拟场所	（Mahr & Lievens，2012）
指以信息和通信技术为支撑、以产品用户为创新源、以产品改善为共同目标，由企业建立的规范的、旨在帮助顾客参与企业创新活动的在线平台	（李义刚，李海刚，2016）
以创新项目为基础形成的多个成员共同参与的社区，成员之间密切合作，共享创新信息，通过各方之间的互动和合作产生和促进创新	（程巧莲 等，2017）

（1）开放创新社区的主题是某产品/服务领域的创新。社区中成员的话题围绕某个共同的产品/技术/服务展开。用户可以提出创新需求、讨论产品创新设想或给出可能的解决方案（Fuller & Ernst，2006），用户生成的内容涵盖了产品性能/可靠性、设计/美学外观、可用性/功能等诸多方面的创新。

（2）开放创新社区的成员普遍具有较高的领先用户特征。开放创新社区成员在人格特征、知识和行为方面明显区别于其他社区的成员。例如，他们具有较强的内在控制倾向和创新精神；具有丰富的专长、产品知识和使用经验；有较多的知识分享、帮助和扩散行为等。

（3）开放创新社区中的创新活动是同侪用户协作的过程，更多地体现为一种社会化行为。先前研究表明，用户创新行为很少单独进行，而是需要志同道合的社区同侪之间的交互。创新用户会得到社区同侪的支持（Hienerth & Lettl，2011）。创新用户经常与他们的同行社区分享他们的创新思想和产品，因而来自社区同侪的影响如社交互动、同侪互惠、群体规范和价值观等社会化因素，对用户创新行为尤为重要。

（4）开放创新社区的最主要产出是用户创意。尽管在社区中用户可以参与产品构思、产品开发和产品扩散等不同阶段的创新活动（Fuller & Ernst，2006），然而社区的数字化渠道和功能决定了用户生成创意是社区中最主要的创新活动。并且，开放创新社区容忍错误和多样性的文化，也极大地促进了用户自由地表达和分享他们的原始创意。

基于以上特征，本研究将企业主导的开放创新社区界定为一个由企业创建并运营管理的虚拟社区，该社区围绕某特定的创新主题展开，具有相似兴趣的社区用户通过数字化渠道表达、共享和传播知识，旨在生成新产品或服务创意进而服务于企业的创新活动。

第三节 研究内容与框架

一、研究内容

本研究以企业主导的开放创新社区为研究对象，从组织氛围、用户创新理论和创造力理论出发，围绕“开放创新社区氛围如何影响用户创意”这一核心问题，设计了逐步递进展开的4个具体的研究，具体如下。

1. 开放创新社区氛围与用户创意关系的探索性研究

目前，关于开放创新社区氛围还没有成熟的变量范畴，其与用户创意质量的关系也没有可直接应用的理论模型，因而直接开展大样本问卷的量化研究未必有效。鉴于此，本研究拟首先通过质性研究对开放创新社区氛围与用户创意的关系进行探索。根据理论抽样的原则选择典型的开放创新社区，通过网络志（Netnograph）方法对社区用户行为进行参与式观察，并结合对典型用户和社区管理者的半结构化访谈收集资料，主要聚焦于社区设计、用户对社区氛围的感知、贡献动机、创意贡献行为和成员互动模式等方面。采用扎根研究方法，通过程序化编码技术对原始文本资料进行分析和概括，进而归纳得到开放创新社区氛围的内涵及其影响用户创意的过程路径和一般模式。

2. 开放创新社区氛围的维度识别与量表开发

遵循“概念形成—量表开发—操作化测量”的思路，首先根据子研究一的成果，明确开放创新社区氛围概念的内涵、层次、内部成分及其与相近概念的差异，从而形成开放创新社区概念的明确定义。根据组织氛围研究的成果，本研究认为开放创新社区氛围是一个多维度的高阶构念，需要针对不同类型的社区氛围分别开发量表。基于此，本研究通过文献演绎和专家归纳两种方式产生测量题项，发展出与每个概念内涵相匹配的题目。将初始问卷在 OIC 用户中发放，并通过探索性因子和验证性因子得到具有良好信效度的量表，以实现概念的范畴化和可操作化。

3. 开放创新社区氛围影响用户创意质量的实证研究

本研究对开放创新社区氛围与用户创意质量的关系提出假设并进行验证，包括几个主要内容：首先，在前一部分研究的基础上，解构开放创新社区氛围各维度对用户创意质量的影响，明确哪些社区因素对其创意质量起到关键影响；其次，检验社区氛围影响用户创意质量的中间路径。本研究认为，社区氛围可能通过 3 种路径增强了用户创意质量，即用户的能力、动机和自身角色认知。用户的能力、动机和角色认知体现了用户为贡献高质量创意的准备状态，因而本研究将其概括为“用户就绪”，用户就绪度越高，产生高质量创意的可能性就越大。因此本研究将进一步检验用户就绪在社区氛围和用户创意质量关系中所起的中介作用，验证子研究一中提出的初始命题。

4. 开放创新社区的架构类型及其如何产生差异化的用户创意

在上述研究成果基础上，本研究基于架构理论，对由不同社区氛围组合形成的社区构型和用户创意质量的关系进行实证研究。具体地，收集实践中典型的开放创新社区案例，利用模糊集定性比较分析方法，对社区氛围的不同维度结合所形成的社区类型进行归纳，总结实践中存在的不同开放创新社区构型。进一步地，探索不同构型的社区与用户创意质量的关系，着重关注能够产生高质量用户创意（核心系统的高质量创意和周边系统的高质量创意）的社区构型，并试图寻求社区构型和用户创意质量关系的理论解释。在此基础上，为企业设计和管理开放创新社区提供政策启示和实践指导。

二、研究方法

本研究采取定性研究和定量研究相结合的方式，通过规范的研究方法对研究问题展开探索，以保证结论的稳健性和严谨性。针对不同的子研究问题分别采取了不同研究方法。

1. 文献计量和分析法

主要通过 Elsevier、EBSCO、Willy、Web of Science 等外文数据库和中国知网（CNKI）、维普 VIP 等中文数据库进行文献搜索，搜索领域包括用户创新、组织氛围和创造力相关研究，以 User Innovation、User Community、Creativity、Ideation、Organization Climate 等为核心关键词，重点从 CSSCI 和 SSCI 来源期刊中筛选相关文献。对搜索收集的文献按照主题进行归类整理，并通过文献计量方法对其进行引文分析和共词分析，以挖掘该研究领域的发展趋势和进展。通过系统的文献梳理寻找理论基础和研究空白点，为后续研究奠定基础。

2. 网络民族志研究法

开放创新社区是一种新型的文化情景，在社区中以新的表达和互动模式重构了人与人之间的关系，呈现出与现实中不同的社会文化特征（卜玉梅，2012）。在此研究情景下，网络民族志（Netnograghy）是一种适合的研究方法。网络民族志是传统民族志方法在网络情景下的调整和改进，主要用于研究通过计算机中介交流产生的虚拟社区现象和文化（Kozinets，2002）。本研究采用网络民族志方法，收集开放创新社区中的对话、帖子和知识文档等电子资料，并对若干成员进行在线访谈，旨在形成对用户心理氛围感知和一般行为模式的初步理解。

3. 扎根研究法

扎根研究是运用系统化的程序，针对现象从经验资料出发来发展理论的一种质性研究方法（Strauss，1998）。扎根研究在开始之前一般没有理论假设，直接从观察入手，从原始资料中归纳经验，然后上升到理论。适用于挖掘已有文献中没有提及或很少介绍的概念，以及诠释新的现象。由于用户在开放创新社区中的创意活动是一种较新的现象，目前还没有成熟的理论指导研究，因而本书将通过探索性的定性研究方法——扎根理论建立理论框架。通过理论抽样和持续比较，从社区档案和社区用户中获取资料，采用程序化编码方法对资料进行分析，进而发展出对开放创新社区氛围和用户创意关系的初步理论框架。

4. 实证研究法

实证主义认为客观规律和现实可以通过科学的测量，实现对研究对象的数量化表达，以此来观察、解释、预测变量间的因果关系（陈晓萍 等，2012）。本书首先通过科学的问卷调研方法，向典型开放创新社区中的用户和管理者进行发放，通过预调研和正式调研获取一手资料，利用探索性因子分析和验证因子分析等统计方法形成本研究所需要的测量量表。其次，遵循“定义研究问题—进行研究假设—前测试—搜集数据—分析数据—结论”的实证研究思路，综合问卷调查、层级线性模型等方法对所提出的假设关系进行统计推断，对理论模型和研究假设进行验证分析。

5. 定性比较分析法

定性比较分析是以集合论为基础，分析不同因素间所有构型组合与结果关系的研究方法。定性比较分析是一种整合了质化和研究双重取向的方法，它聚焦于具有相似特征的组织集合，描述这些共同特征所形成的一致或者相似的模式（Pattern）或构象（Constellation），从小样本数据中建构出研究议题的因果性关系，适用于研究多变量、多维度的复杂现象和因果关系（Fiss，2007）。定性比较分析法可以增强多案例研究的普适性，相较于传统的实证研究，这种方法可以保证研究过程的分析深度。本书利用定性比较分析方法，收集开放创新社区的典型案例，对社区氛围不同维度所形成的社区构型进行归类，得出不同构型社区在用户创意质量上的差异。最后，在典型案例和理论的基础上对所得因果路径进行解释。

三、技术路线

技术路线是研究内容所使用的研究方法的结合。本研究遵循“发现问题—文献梳理—探索性研究—开发测量工具—实证检验—归纳解释”的总体技术路线，首先，从现实和理论背景出发明晰研究问题，通过文献的系统梳理为后续研究奠定理论基础。在此基础上，利用扎根理论对开放创新社区氛围这一核心概念进行探索，并建立社区氛围与用户创意的关系的初步模型。其次，利用上述研究成果开发开放创新社区氛围量表，实现核心变量的操作化和准确测量。进一步地，利用大样本问卷数据检验社区氛围与用户创意关系的理论模型，明确二者关系的中间机制。最后，利用模糊定性比较分析方法对在线社区氛围不同维度形成的构型进行归纳，并探讨不同社区构型对用户创意质量的影响。具体技术路线如图 1. 2 所示。

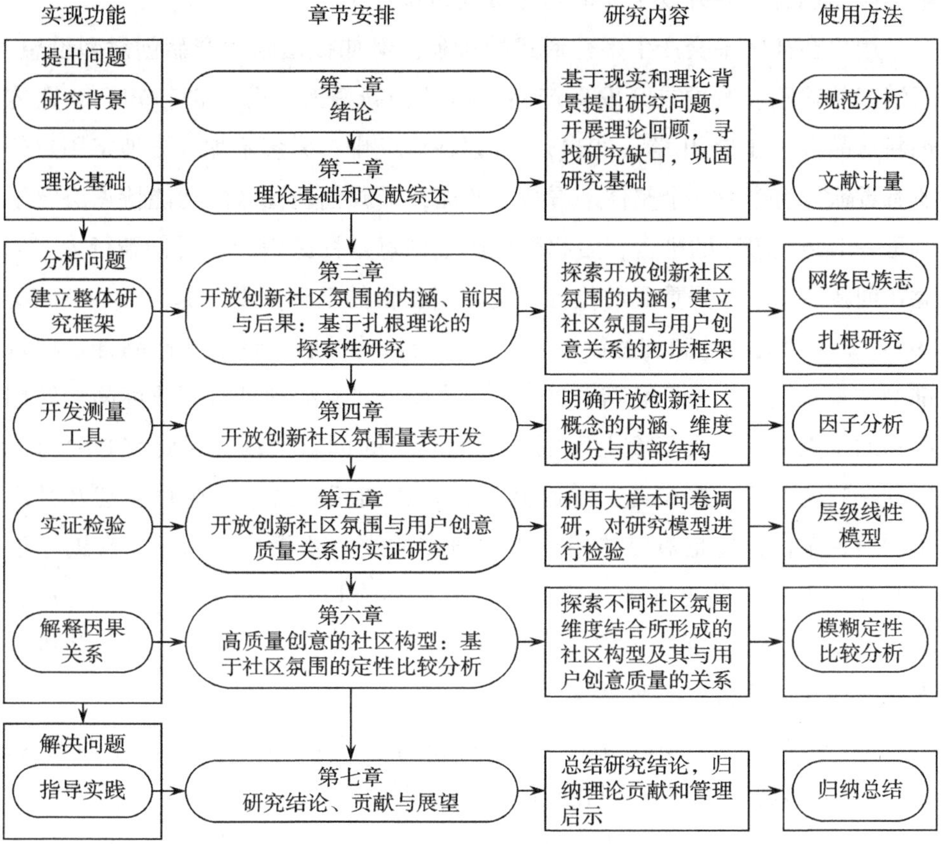

图 1. 2　本研究的技术路线

第四节 研究创新点

本研究从氛围的视角出发，搭建了以“社区氛围—用户就绪—用户创意质量”为框架的用户创意质量提升路径，对开放创新社区的设计和管理问题提供了一定的方向和建议。因此，本书的创新点体现在以下 3 个方面。

第一，区别于以往宽泛的用户贡献行为的研究，本研究聚焦于用户贡献的产品创意，并开发了评估创意质量的新方式。

用户在社区中会产生多种形式的贡献，例如提出新的产品创意和设想、反馈产品缺陷、改进或开发新产品、提供创新资源、分享创新知识、宣传创新产品等（王晓川 等，2014）。在以往研究中，大多不加区分地将用户的所有贡献行为作为一个整体来看待。然而，开放创新社区的功能特点决定了其是一个交流想法的平台，因此用户产生创意是社区内的主要创新行为。创意在创新活动中占据重要的位置，是许多创新的基础资源和起点（Amabile，1996）。成功的产品和创意数量之间存在较强的关联，许多新产品开发项目都是“赢在起点”（汪涛 等，2010）。并且，创意活动具有开放度高、模糊度强的特点，在很大程度上区别于其他阶段的创新活动，因此有必要对其展开专门的讨论。基于此，本研究关注开放创新社区中的用户创意及其产生的前置条件，这是对以往用户贡献研究的进一步聚焦和深化，有助于形成对社区用户贡献更准确的理解。此外，结合以往的创意质量评估方法，本研究使用了“主观评估+客观数据”的创意质量测量方法，在评估效度和效率上均比以往方法有所改进。

第二，从社会情境（社区氛围）的视角探索用户创意质量的影响因素，揭示了社区氛围影响用户创意质量的中间机制。

有关用户贡献行为前因的研究，现有文献主要从用户内在动机与外在激励两个视角展开分析探讨，取得了不少研究进展，然而现有文献忽视了社会环境因素的作用。创造力理论认为创造力不是独特的个人特征，而是个人与社会环境互动的结果（Amabile，1996），诸多研究已经表明组织环境和氛围是影响成员创造力的重要因素。由于用户产生创意的过程发生在虚拟社区环境下，用户的社区实践深嵌在社区之中，因而用户创意还会受到社区情境因素的影响。与组织氛围不同，开放创新社区没有科层式的组织结构，没有严格的控制方式，而是相对开放和自由，因此对社区氛围的探索是一个新颖且有价值的议题。本书通过探索性研究界定了社区氛围的内涵和结构，并开发了开放创新社区氛围的测量量表，实现了该构念的可操作化测量。进一步地，构建并验证了社区氛围对用户创意质量的影响模型，有助于打开社区氛围与用户创意质量中间机制的黑箱。

第三，基于构型理论，归纳了能够产生高质量用户创意的社区类型，对社区类型与用户创意质量之间的关系进行了解释。

已有研究大多从社区目的和性质出发，将在线社区分为不同的类型，例如创新社区、品牌社区、众包社区、企业主导的社区和用户自发构建的社区等。尽管这些研究为社区研究提供了基础，却无法对企业的社区设计和管理实践提供明确的指导。本书基于架构理论，从开放创新社区的创新氛围、互动氛围和控制氛围 3 个主要前因变量出发，归纳了不同社区氛围组合所形成的社区构型，并对其进行比较分析。进而探索了社区构型与核心系统创意质量/周边系统创意质量之间的关系，为实践中开放创新社区所表现出的绩效差异提供了理论解释。研究结果不仅为日益兴起的开放创新社区研究提供了概念性基础，同时通过维度细化和情景引入，为开放创新社区环境和机制设计研究提供了新视角，使研究结论更贴近于管理实践，可加强企业对开放创新社区的针对性管理。

第二章

理论基础和文献综述

在界定了主要研究对象和研究问题后，对已有文献进行系统的梳理和回顾，既是进行理论分析的基础，也是开展理论创新的前提。本章首先回顾了用户创新的经典理论和基本前提，通过文献计量方法识别了该领域的研究趋势和主题，并对本研究所嵌入的独特情景——开放创新社区的相关研究进行了梳理。其次，回顾了传统组织气氛领域的主要研究成果，为后文提出开放创新社区氛围概念奠定基础。最后，对经典创造力理论和用户创造力与创意研究进行了回顾。

第一节　用户创新与开放创新社区研究

一、用户创新的基本理论与研究趋势

（一）用户创新的基本理论

早期的创新研究表明，用户在创新中扮演了较为边缘化的角色，他们为生产商提供了一些关键输入，以使生产商开发满足用户需求的新产品。

仅有一小部分用户可以从生产商那里购买产品并进行创新。在 20 世纪 70 年代，冯希普尔通过一系列研究表明，用户可以成为创新的来源——用户可以是创新者，而不仅仅是那些创新生产商的助手。冯希普尔（1976）对 111 项科学仪器创新进行了调查，结果显示大约 80% 的创新是由使用仪器的用户发明、构造原型或首次测试的。这一研究首次明确了用户作为创新者的核心作用。在《创新的源泉》一书中，冯希普尔（1988）正式将用户创新定义为“用户对其使用的产品或服务所提出的新设想或进行的改进”。

领先用户（Lead User）是用户创新理论的核心概念。领先用户是具有较高创新倾向的用户，他们往往具备两种主要特征，一是比大多数人更早地察觉到市场需求，二是可以因为创新而获取收益（Von Hippel，1986）。这两种特征也被称为“趋势领先”和“高期望收益”。趋势领先意味着用户在某项重要的技术或市场中处于领先地位，此类用户往往会提前面临未来才会普遍到来的情景和挑战。例如，莱特尔等（Lettl et al.，2006）在对医学装备行业的用户创新的研究中发现，神经外科的医生往往在几微米的范围内进行操作，而这种挑战在几年后随着微创手术的到来才成为行业关注的主流。一些研究已经证明，用户的“趋势领先”状态与其产生想法的商业吸引力有正相关关系。“高期望收益”意味着领先用户具有很高的解决问题的动力。由于用户市场需求的异质性，生产商生产的标准化的产品往往不能满足一些用户的需求，这些用户必须从定制化的解决方案中获取满足。因此，冯希普尔将用户进行创新的原因归纳为创新租金和信息黏性两方面。

（1）创新租金。熊彼特（1950）认为，成功的创新者可以从他们对自己创造出的创新产品的暂时垄断控制中获得回报。这种能力随后将发挥一种杠杆作用，使创新者在市场中占据主动，从创新中获取暂时的创新租金（Innovation-related Rents）。在创新的早期阶段，由于突破性技术的复杂性引起的设计的不稳定性和市场的高度不确定性，制造商没有足够的动机去开发。用户作为创新者可以从使用该项创新中获益，而不需要采用将创新推向市场的方法获得创新租金。因此，创新用户面临的风险比其他类型的创新者进行创新时面临的风险要小一些。从经济租金的角度，用户创新具有很强的经济性和合理性。

（2）信息黏性。要解决一个创新问题，往往需要将信息从原来的地点转移到指定的问题解决地点。在信息的转移过程中会产生增量成本，从而造成了信息黏性。有3个主要原因造成了信息黏性：①信息自身性质。信息往往具有情景依赖性，尤其是难以进行编码的隐性知识，依赖于所处的环境和个体，这些知识相对昂贵，很难获得、学习使用和扩散。②所需信息的数量。如果创新问题需要大量的信息才能解决，那么创新者必须首先具备相当的先前知识储备和吸收能力，才能够获取大量信息。并且，信息的数量越大，其关联程度往往越复杂，增加了其传递的难度。③信息提供者和搜寻者的属性。一些专业人员（如技术把关者，Gatekeeper）和专门的组织结构（如技术转移小组）能显著影响组织间信息转移的成本。此外，信息所有者对于专有信息的定价决策也会直接影响信息的准确性。因此，解决创新问题所需的信息表现出很高的黏性，难以从信息提供方转移到信息需求方。在此研究基础上，路彻等（Luthje，et al.，2005）进一步指出创新成功需要两种信息：一种是关于需求和使用情况的信息（用户掌握），另一种是问题解决方案的信息（生产商掌握）。由于信息黏性，两种信息很难合并从而被同时拥有。用户有关产品需求的信息往往很难编码和表达，因此在创新技术要求和成本不是很高的情况下，用户会表现出自己进行创新的倾向。

一些学者还从制度经济学的角度解释了用户创新的现象。鲍德温和冯希普尔（Baldwin & Von Hippel，2010）指出，不同于传统意义上的“生产商创新模式”（Producers' Model），用户创新代表了人类为实现创新而进行努力和投资的新型方式。他识别了两种主要的创新成本——设计成本和交流成本，进而利用比较制度分析方法探索了3种创新模式的经济可行性，即生产商创新、合作创新和单个用户创新（图2.1）。由于现代技术越来越复杂，需要众多部门之间的交互合作，而单个用户创新可以不考虑交流成本，因此当设计成本不高时，单个用户创新要比其他两种模式更有经济优势。尤其是由于功能强大的个人计算机、标准的设计语言和工具等新技术的推动，创新实践日益向数字化和模块化的设计和生产实践的方向发展，创新的范式将逐渐由生产商创新转向用户创新和合作创新。

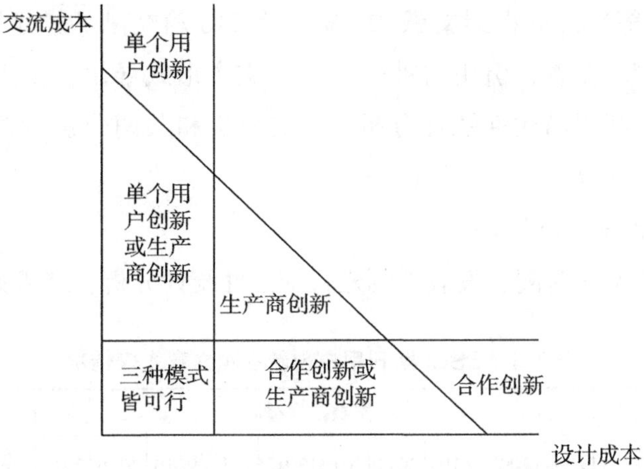

图 2.1 单个用户创新、生产商创新和合作创新 3 种模式的经济可行性

资料来源：BALDWIN C，VON HIPPEL E，2011. Modeling a Paradigm Shift：From Producer Innovation to User and Open Collaborative Innovation ［J］. Organization Science，22（6）：1399-1417

（二）用户创新的研究趋势与主题

目前，关于用户创新的研究已经扩展到了创新政策、战略管理、组织边界、创新社区、知识管理和产品设计等多个领域，对用户创新对企业和社会潜在价值的认识日益增加。鉴于此，本部分将对用户创新研究做系统的文献计量分析，梳理并呈现用户创新研究的全貌，以发现理论研究发展的脉络和趋势。

本书选择 ISI Web of knowledge 数据库作为数据来源，这是学术界公认的收录较为全面的专业数据库。遵循管理研究的一般规则，选取 SSCI 索引期刊中的经济、管理和商业 3 个领域的所有文章，时间范围选定为 1970 年 1 月至 2018 年 1 月 25 日。首先，在 Web of knowledge 核心合集中以 TS =（“User” And “Innovation”）OR（“Lead User”）OR（“User Involvemet”）OR（“User Idea”）OR（“User Creativity”）为检索式进行主题搜索，限定论文类型为“Article”或者“Review”，得到论文 512 篇。然后，请一名创新管理研究教授与笔者一起阅读文献摘要，剔除与用户创新无关的文献

（如软件开发等）最终得到文献 218 篇，将 218 篇文献的摘录数据（题目、摘要、关键词、作者、引用与被引等）以文本形式导出，得到了可供分析的数据样本。利用描述性统计分析、引文分析和共词分析对该数据进行处理，得到如下结果。

1. 描述性统计分析

对文献的发表时间、发表期刊进行描述性统计分析，结果见表 2.1。

表 2.1　SSCI 期刊用户创新主题文章发表情况

期刊名称	发表数量/篇										总数/篇	年均被引次数
	2008年	2009年	2010年	2011年	2012年	2013年	2014年	2015年	2016年	2017年		
Journal of Product Innovation Management	2	4	1	1	6		4	6	5	7	42	56.02
Research Policy	1	6	1	1	1	3	7	5	5	1	32	26.94
Creativity and Innovation Management			2	1	5	1	2	2	0	1	14	17.64
Technology Analysis Strategic Management	1		3			1	2	2	1	1	11	8.45
R&D Management		5	1			1	1		1	1	10	107.70
Management Science											9	206.89
Technovation				1	2		1	1	1		7	42.29

注：表中仅列出了发表量排名前七位的期刊。

从发表时间来看，从 2008 年到 2017 年，每年都有多篇论文发表于顶级创新管理期刊上，并且发文数量呈现逐年增长的趋势，说明用户创新属于较为热点的话题，这也符合安东斯（Antons，2016）将“用户与创新”归为“长青话题”的结论。从发表的期刊来看，*Journal of Product Innovation Management* 和 *Research Policy* 发表的用户创新主题文章最多，分别有 42 和 32 篇。*Journal of Product Innovation Management* 较为关注微观层面的用户创新，如用户参与新产品开发、企业与用户进行价值共创等；而 *Research Policy* 则更关注宏观层面的用户创新，如推动用户创新的公共政策、各国用户创新频率的估计、用户与生产商创新效率的比较等。值得一提的是，管理

科学类顶级期刊 *Management Science* 也发表了许多关于用户创新的文章，并且平均引用次数达到了 206.89。这要归功于冯希普尔在该期刊上发表的关于"用户工具箱""黏着信息""开源软件社区"的若干经典论文，提升了用户创新研究在管理研究领域中的研究地位和影响力。

2. 引文分析

从高被引文献来看（表 2.2），一类文章致力于夯实用户创新的理论基础，例如"黏着信息""用户工具箱"等。它们系统阐释了由于黏着信息的存在，制造商要了解用户的需求非常困难，因此用户工具箱使得制造商可以将产品开发任务和相关的工具转移给用户，由用户完成创新过程（Hippel，2001）；另一类文章关注用户创新的效率和可行性，利用自然实验、实证研究等方法验证了领先用户的创新绩效，发现领先用户能够产生新颖的想法，甚至可以与专家相匹敌（Poetz & Schreier，2012），并且印证了领先用户的创新具有很强的商业吸引力（Frank et al.，2006）。其他文章则关注用户在开源软件社区（Shah，2002）、新产品和服务开发中的创新活动（Hoyer et al.，2010），扩展了用户创新的应用领域，同样获得了较多的引用次数。

表 2.2 "用户创新"主题的高被引文献

文献标题	相关信息	被引次数	年均引用次数
Shifting innovation to users via toolkits	(Von Hippel & Katz，2002)	364	21.41
Performance assessment of the lead user idea-generation process for new product development	(Lilien & Morrison，2002；Searls，2002)	334	19.65
Economics of product development by users: The impact of "sticky" local information	(Von Hippel，1998)	316	15.05
Motivation, governance, and the viability of hybrid forms in open source software development	(Shah & Sonali，2006)	286	22.00
Value creation by toolkits for user innovation and design: The case of the watch market	(Franke & Piller，2004)	283	18.87
Consumer co-creation in new product development	(Hoyer et al.，2010)	282	31.33

续表

文献标题	相关信息	被引次数	年均引用次数
Perspective: User toolkits for innovation	(Von Hippel, 2001)	280	15.56
Finding commercially attractive user innovations: A test of lead-user theory	(Franke et al., Schreier, 2006)	251	19.31
The value of crowdsourcing: Can users really compete with professionals in generating new product ideas?	(Poetz & Schreser, 2012)	235	33.57

3. 共词分析

对一个领域关键词的概括可从一定程度上反映出该领域的研究热点。提取每篇文献中的关键词信息（若两个关键词同时出现于一篇文献中，则该两个关键词的联系强度加 1）依次对 218 篇文献进行加总，得到关键词贡献系数矩阵，将关键词共现系数矩阵导入 Netdraw 可视化软件，并利用聚类分析方法进行处理，得到用户创新关键词聚类。从结果上看，用户创新研究领域大致呈现出 3 个主题。

研究主题一关注创新用户的个体特征，表现为以“Lead user”“User characteristics”“Innovation solvers”“Leading edge status”“Willingness”等关键词为主的聚类。这类研究聚焦用户个体层面，研究谁是领先用户、领先用户具有的特征、领先用户的测量、如何识别领先用户等问题。例如希纳特等（Hienerth et al., 2017）提出了领先用户测量的 4 个原则，根据“期望收益”和“趋势领先”两个维度将用户分为了四类，分别是领先用户、专家用户、创新用户和一般用户，并且阐述了领先用户与首次采纳者、创意个体等群体的区别。

研究主题二关注用户与企业共创的过程，表现为以“New Product Development”“Service Development”“Idea Generation”“Co-creation”等关键词为主的聚类。这类研究将用户看作一种重要的资源，从创新过程的不同阶段出发，关注用户如何与生产者一起成为价值的共同创造者。在早期的研究中，大量文献印证了在产品概念阶段企业可以通过用户产生新颖的想法。在后续的研究中，学者们发现在产品开发阶段用户可以与企业进行

“共创”，并且在创新扩散阶段，领先用户可以扮演新产品接纳者的角色。因此，用户可以在创新过程中与企业共同创造价值。

研究主题三关注开放创新社区，表现为以“User Community”“Online Community”“Open Source Community”“Social”等关键词为主的聚类。随着Web 2.0技术和社会化媒体的到来，用户创新逐渐从线下转为线上，从而产生了虚拟创新社区、开源软件社区、众包社区、创客论坛等用户自组织或企业主导的创新社区。弗兰克等（2003）发现，用户经常在虚拟社区与其同伴分享其创新和新型创作，多样化的社区用户形成了一系列差异化的知识集合，使得问题可以从多个角度被解决。目前，关于用户参与社区的动机、社区设计、社区管理等问题被学者越来越多地讨论。

二、开放创新社区的内涵与特征

对开放创新社区的研究始于开源软件社区。开源软件社区中的软件开发项目是由来自不同地区和组织的用户自愿进行的，他们开发并共享代码以创建或改进程序，用户之间的信息、帮助和创新都是免费共享的。此后，随着众包社区、创新竞赛社区、极客社区等不同类型社区的出现，用户在虚拟网络中进行创新的现象越来越普遍。韦斯特等（West et al，2008）总结了开放创新社区的两个基本特征：一是用户是为了一个共同目标而自愿协作的，此目标就是基于该社区创造、适应、采纳或传播各种创新；二是社区中所形成的创新是能够引入市场被商业化的创新，并不是非营利的创新。费希特（Fichter，2009）将开放创新社区定义为由来自组织外的具有共识的个体组成的非正式网络，他们通过各种沟通渠道（如面对面、电子媒介等）进行信息传递与知识共享，共同推动创新项目的开发。因此，开放创新社区的主要特征是，社区成员要参与创新活动的整个过程；社区内容总是与专门的创新项目和想法有关系；社区成员之间的合作既不是正式的，又比较亲密，类似于“团队”。李奕莹（2017）总结了开放式创新社区的5个主要特征，即虚拟性、目标性、自愿性、交互性和网络性，见表2.3。

表 2.3 开放创新社区基本特征和内涵

基本特征	具体内涵
虚拟性	基于互联网、不受时间和空间限制、虚拟的开放式创新平台
目标性	为了吸引更多的外部用户参与企业内部创新而实现创新目标
自愿性	所有在线用户都是自愿参与的，在此之前他们并没有任何组织联系
交互性	用户之间通过多向沟通来交流互动，实现协作创新、互惠互利
网络性	用户为了一个共同的创新目标合作，形成一个类似于团队的非正式网络

资料来源：李奕莹，2017. 企业开放式创新社区用户贡献与创新管理研究［D］. 济南：山东大学

与传统的用户创新相比，社区中的用户创新展现出许多新特征：①用户参与更广泛。虚拟社区所特有的娱乐性、社交性等新型元素进一步激发了用户参与创新的热情，在社区中，每一个人都可以利用其空闲时间来创造内容、解决问题和合作创新。②关系互动性更强。以往用户参与创新多出于个人兴趣自发进行，而创新社区使用户与企业、用户与用户之间能够建立去中心化的联系，创新过程中各主体的交互更为密切。③创新活动更不可控。"用户生产内容"的模式深刻地改变了创新领域中企业与用户之间的权利分布，用户在社会化媒体中自主地表达意见，其产生的信息更加不可预测，企业无法完全控制创新活动的方向与最终结果（Gangi & Wasko，2008）。④用户贡献的信息体量更大。在虚拟网络中，每一个人都是"行走的数据生成器"，用户产生的各类信息数据被实时记录，形成了多种来源、多种形式的巨大数据集合。这些数据的体量远远超过了传统用户创新中单个、分散的用户所贡献的信息。

虚拟客户整合（Virtual Customer Integration）、共创价值（Co-create Value）、大众创新（Crowd Innovation）和创客社区（Makerspace）等概念与开放创新社区有诸多相似之处，但其内涵和外延不完全相同（表 2.4）。"虚拟客户整合"站在企业的角度，强调企业将客户纳入创新过程所获得的收益，而开放创新社区不仅是用户为企业创造价值，也不仅是企业服务于用户的手段，而是企业和用户作为对等的主体共同解决创新问题。消费领域的"共创价值"同时强调了消费者和企业之间的互动和协作，但是其共创的价值侧重于体验价值，而不一定是产品或服务创新知识。"大众创新"主要指人们在

实体空间或虚拟空间中进行的自组织创新创业活动，而用户创新突出了网络通信技术所发挥的优势，以及不同创新主体互动所产生的联系。“创客社区”是由热爱创新的个体创新者基于互联网平台实施创新活动并且通过互联网进行创新成果的展示或出售，它完全是由个体主导的，而开放创新社区则既可能由个体主导，也可能由企业主导，或者由个体和用户共同主导社区的建设。

表 2.4 相关概念之间的比较

相关概念	主导者	行为方式	核心内容	关键资源
虚拟客户整合	企业	参与式	企业让客户参与新产品开发或改进活动	需求与技术信息
共创价值	企业-用户	双向互动	企业与消费者合作创造（体验）价值	服务体验
大众创新	大众	分布式	人们在线上或线下自组织创新活动	专业能力
创客社区	个体	分布式	创新者自发主导的创新、创业行为	创客空间
开放创新社区	企业-用户	网络互动	用户与企业基于社区平台互动、协作而产生的创新	互动过程中产生的显、隐性知识

三、开放创新社区中的用户行为研究

（一）创新社区用户的行为特征

马尔等（Mahr et al.，2012）根据用户社区内发布内容的特点，将社区用户的贡献分为主动贡献（Proactive Contribution）和反应贡献（Responding Contribution），主动贡献行为表现为积极主动发布有关产品的想法等，反应贡献行为表现为回答社区有关产品的相关提问。然而，在新产品开发的不同阶段，用户有着不同的行为、作用和影响。因此从新产品开发阶段（概念开发、设计开发、产品扩散）的视角可以更细致地揭示创新社区中的用户贡献行为。基姆等（Kim et al.，2008）总结了新产品开发过程中社区用户和企业的互动行为，认为不同的新产品开发阶段社区用户的贡献不同，并将用户贡献归纳为产生信息共享、产生创意、解决问题、问题集成、表达意见和口碑传播等，如图 2.2 所示。

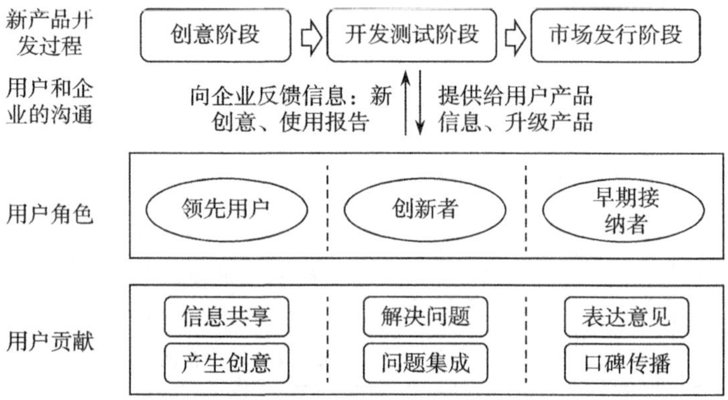

图 2.2　新产品开发不同阶段的创新社区用户行为模式

资料来源：KIM J，BAE Z，KANG S，2008. The Role of Online Brand Community in New Product Development：Case Studies on Digital Product Manufactures in Korea［J］. International Journal of Innovation Management，12（03）：357-376

在概念开发阶段，创新社区用户贡献行为的主要形式是提供新产品需求、设想和创意。用户在产品使用过程中遇到困难时，会向社区中的成员求助，提出关于产品的问题，这种问题包括和用户的“痛点”或需求，是改进产品或开发新产品的起点。例如，比尔格拉姆等（Bilgram et al.，2011）利用网络志方法分析了推特（Twitter）、脸书（Facebook）和论坛上用户对 Nivea 香体剂产品的留言，发现与以往所认为的不同，用户对产品的关注点并非作用时间、皮肤刺激或气味，而是产品在衣服上残留的污点。此外，用户可以直接在社会化媒体上发布创意方案，用户也可以查看其他用户的创意，并进行反馈、评分、投票。这样的同侪评阅机制有助于识别方案缺陷和筛选方案。并且，由用户产生、选择的创意方案有较高的市场匹配度。

在设计开发阶段，用户贡献的主要形式是提出问题解决方案、对产品进行测试和反馈。由于用户具有异质性的知识，用户可以在社区中对某一问题进行讨论，并且提出问题的解决方案。开源社区是一个典型的例子，社区内来自不同地点和组织的志愿者共同开发并共享代码，以改进和创建新型的软件。用户还可以对产品进行测试和反馈。用户对产品进行改进和调整，能够帮助企业更好地完善产品。一个典型的例子是 Linux 开源软件社区，它是在发行后被社区用户所修改和完善的，并且取得了极大的成功。此外，随着社交网络的兴起，用户在网络中留下的数据（浏览、评论等）也可以成为企业产品信息的一部分。此外，识别并招募领先用户作为产品测试版本的体验者也是企业常用的产品开发手段（Brem & Bilgram, 2015）。

在产品扩散阶段，社区用户有大量的口碑传播行为。用户在选择新产品前，会向与该产品有关的个体寻求评价和推荐。他们认为同伴比商业性广告更值得信赖，因而更希望通过朋友接触新产品，而不是企业发布的信息指导（Chu & Kim，2011）。特别是在社交网络中，每个人都充当了其他人决策的“参照群体”，用户生成的关于新产品的在线评论能够增加他人对产品的兴趣和接受新产品的可能性。当很多人点击喜欢或者分享键时，即使自己没有使用，创新也得到了更大程度的扩散。诸多研究都表明，社交网络中用户之间的同侪影响（Peer Influence）对创新扩散有显著的作用（Bapna & Umyarov, 2015）。学者们从 QQ 用户中抽取了一系列数据，通过一系列实验发现 QQ 好友之间的同侪影响激发了用户接受会员服务的意愿（Zhu et al.，2016）。阿拉尔和沃克等（Aral & walker，2011）在脸书上开展了一项包括 9687 名用户及其 140 万个朋友在内的随机自然实验，发现那些具有“病毒式传播”特征的产品引发了同侪影响和社会传染（Social Contagion）效应。此外，用户中的意见领袖在创新扩散中起着关键作用。埃克等（Eck et al.，2011）指出意见领袖向普通用户施加了信息影响和规范影响，并通过仿真验证了意见领袖对新产品的使用会显著增加创新扩散的速度和规模。

除了积极的用户行为以外，用户在社区中可能还存在消极的行为，从而对社区造成负面影响。加茨韦勒等（Gatzweiler et al.，2017）研究发现，在创新竞赛社区中，一些用户会故意发表不受主办方欢迎的内容，例如，违反社区条款，对社区、创新竞赛和主办企业提出质疑，偏离规范，偏离参考内容等，这些都是不正常的共创行为方式。根据社会学和消费者研究的文献，这些行为都可归纳为偏差（Deviance）。偏差是一种违反规范的行为，它有可能激发其他人的偏差行为。加茨韦勒等（2017）利用网络志方法，对37个创新竞赛社区进行了案例研究，从经验上阐述了各种不同偏差内容的模式，如图2.3所示。研究表明，创意竞赛中的偏差内容包括非法内容和合法内容。合法内容包括幽默、挑衅、特立独行、偏离社会规范和技术规范等主题。这些内容通常使评估者迷惑，并将他们的注意力吸引到内容上。建设性的偏差内容可以导致评论区和其他社交媒体的积极讨论，并促进初步想法的进一步发展，从而为公司的创新潜力做出贡献。而非法的内容则包括质疑社区、侵犯知识产权、恶意的软件和恶意诽谤等。这些内容对整个社区产生了破坏性的影响。破坏性的偏差内容可能会引发大规模的、恶意的抗议，或在竞赛平台和其他社交媒体上引起嘲笑，从而使创意竞赛的主办者暴露在声誉风险之下。

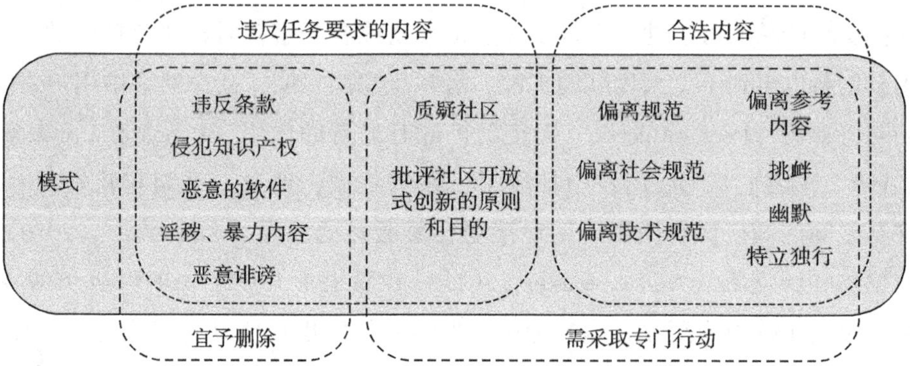

图2.3　开放创新社区中偏差内容的一般模式

资料来源：GATZWEILER A, BLAZEVIC V, PILLER F T, 2017. Dark Side or Bright Light: Destructive and Constructive Deviant Content in Consumer Ideation Contests [J]. Journal of Product Innovation Management, 34 (6)

（二）创新社区用户贡献行为的前因

创新社区中用户贡献行为的动机与在现实世界条件下的创新动机有很大不同。纳比桑（Nambisan，2002）指出，用户在虚拟社区中参与产品开发和支持的行为几乎是“自愿”的，并将用户行为的原因归纳为其可以获得产品相关的利益、社区相关的利益以及媒介相关的利益。与产品相关的利益包括产品质量的提高、用户产品知识的增长、满足用户对产品的内在好奇心和兴趣等；与社区相关的利益是指，创新社区中的交互行为经过长期的发展形成了群体规范，使用户感到自身是社区中的成员，在其中获取归属感和身份感，并能得到“同侪认可”或“社会地位”。在社区内分享有价值的创意还满足了用户的利他和互惠动机。媒介相关的利益则是由媒体本身所产生的：社交媒体使用户进入沉浸状态并且产生愉悦感，自我意识和控制能力暂时降低，深度地投入到创新活动中。纳比桑（2002）还认为，尽管产品相关的利益是传统意义上用户贡献的主要原因，但其他两种利益将随着虚拟社区设计的不断完善而变得愈发重要。

此后，许多学者都关注了社区用户贡献行为的前因。除了显而易见的经济动机（如寻求社会地位、追逐经济利益等）之外，用户贡献很大程度上是由内在动机驱动的，例如，满足好奇心、获取认同、自我尊重的提升、证明自身创造力、利他动机等。尤其在社区环境下，社交互动、群体利益等社会化因素对促进用户贡献尤为重要。例如，有学者发现社区内的社会影响因素（主观规范、群体规范和社会身份）会营造出一种“集体氛围”，从而增强了用户贡献的意愿（Tsai et al.，2014）。纳比桑和巴伦（Hambisamn & Baron，2010）发现，社区成员具有双重身份，一种是社区内的成员，另一种则是企业的伙伴。对这两种身份的认同会增进用户贡献。因此，成员的社区责任感、提升自我形象增强的期望、提升专长的期望、感知到的企业伙伴关系都会促进用户对社区的贡献行为。兰纳等（Langner et al.，2015）通过质性研究发现，社区成员具有社区成员和企业伙伴的双重身份，因此来自社区的支持和来自企业的支持都能促进用户持续的贡献。来自社区的支持包括对明星用户的外部推广、发起社区项目、共同的社区愿景、高管参与社区，来自企业的支持包括开放性活动、雇用部分社区成员、参与企业内部决策等。这两种支持使用户感到自己是企业的一分子，能够建立起对企业的积极看法，并且感到自身是有价值和被尊重的，因此他们会有较好的持续贡献行为。

第二节　组织氛围研究综述

一、组织氛围概述

组织氛围（Organization Climate）又称为组织气候，关于它的研究起源于20世纪60年代的心理学和社会学研究，后逐渐发展至组织行为、人力资源管理等研究领域。一般认为，组织氛围是组织成员个体的共同知觉或个体对组织环境心理解释的相同部分（Schneider，1975）。组织氛围往往被作为组织情景和成员行为之间的中介变量，通过组织氛围可以了解员工如何体验他们的组织。与同为组织层面变量的组织文化不同，组织氛围倾向于成员对组织环境的感知，属于相对主观的范畴，而组织文化则是组织成员所共有的价值观、惯例和行为模式，属于相对客观的范畴。许多学者都尝试给出组织氛围的定义，根据研究视角的不同，可将其归纳为组织整体和个体感知两个层次。

（1）基于组织整体的定义。早期学者倾向于将组织氛围看作组织的一种整体属性，是社会和组织实践过程中形成的一系列非心理组织变量，是相对客观存在的环境因素。基于整体的观点，福汉德等（Forehand et al.，1964）认为组织氛围有3个特征：①唯一性，可以使组织与其他组织区分开来；②稳定性，随着时间的变化组织氛围相对稳定；③影响力，即在很大程度上影响着组织成员的行为。据此，组织氛围可定义为组织成员所感知到的组织或环境的持久特性。

（2）基于个体感知的定义。由于从组织整体层面对组织氛围的定义缺乏可操作性，一些学者开始强调组织氛围是组织成员“个体感知”的加总，而并非组织所固有的客观属性。例如詹姆斯（James，1982）指出，当某一群体中的成员对组织存在相似的知觉、感受、看法（心理氛围）时，可将个体层次的心理氛围聚合在团队或组织水平，从而形成对组织氛围的整体描述。

在此基础上，一些学者对这两类定义进行了综合，其中以施耐德（Schneider）的定义较有代表性。施耐德（2013）将组织氛围定义为组织成员对所体验到的事件、政策、实践和过程，以及对被奖励、支持和期望行为的共同感知。从中不难看出，组织氛围具有以下特征：①是组织内部环境中相对固定的属性；②是多个维度组成的共同体；③能够被组织成员感觉到，并对成员的心理和行为产生影响；④可以通过个体层面的主观知觉进行测量。

组织氛围定义的分歧也导致了其维度划分和测量上的困难。例如，坎贝尔（Campbell，1971）等定义了组织氛围的4个维度，即个体自主性、结构化程度、奖励导向以及体贴/温暖/支持。类似地，詹姆斯（1989）等描述了不同工作情景中的4个维度，即角色压力与不和谐、工作挑战与自主性、领导支持与赋能、团队协作与友好。詹姆斯（1989）认为，个体会对他们的工作环境产生整体性的认识，因此这4个维度可适用于任何情景之中。格利克（Glick，1985）对组织氛围领域的研究进行了回顾，发现其至少包括以下维度：领导者心理距离、管理信任、沟通交流、心智开放程度、风险导向、服务质量、公平和中心化程度。近些年来，更多的组织氛围维度被学者们挖掘出来，并且学者们对组织氛围维度和测量的研究并不聚合。例如1992年修订的商业组织氛围指数（Business Organization Climate Index）又增加了客户服务关怀、信息质量影响和文化管理能力等维度。为了解决组织氛围维度划分的混淆，帕特森（Patterson，2005）等从组织的内外部导向和控制/柔性导向出发，将组织氛围划分为4种基本模式，即人际关系模式、内部流程模式、开放系统模式、理性目标模式。每种模式都包含若干的组织氛围维度，见表2.5。

表 2.5　组织氛围的基本模式及其包含的维度

组织氛围模式	特征	包含维度
人际关系模式（内部导向×柔性）	具有与归属感、信任和凝聚力相关的规范和价值观，通过训练和人力资源开发实现。通过授权和参与来实现协调和控制，人际关系是支持、合作和信任的。	重视员工价值的程度、员工自主性、员工对决策影响程度、沟通程度、培训程度、信任和协作、上级支持
内部流程模式（内部导向×控制）	强调稳定、最小化环境不确定性的影响。通过遵守正式的规则和程序来实现协调和控制。代表着典型的官僚主义	正式化程度、传统
开放系统模式（外部导向×柔性）	强调随时准备、改变和创新，具有与规增长、资源获取、创造能力和适应有关的规范和价值观。	柔性、创新、关注外部、反思性
理性目标模式（外部导向×控制）	强调追求实现既定的目标，具有与主动性、效率、目标实现和绩效反馈相关的规范和价值观。	组织目标清晰性、努力程度、效率、质量、生产压力、绩效反馈

资料来源：PATTERSON M G，WEST M A，SHACKLETON V J，et al.，2005. Validating the organizational climate measure：Links to managerial practices，productivity and innovation［J］. Journal of Organizational Behavior，26（4）：379-408

二、特定组织氛围研究

尽管许多研究都界定了组织氛围的内涵，并对其开展了大量实证研究，但是关于组织氛围构念仍存在许多争议。一些学者认为，组织氛围构念过于宽泛，许多研究者不能准确地回答“关于组织什么的氛围”这一问题，甚至一些学者把组织氛围与组织文化相混淆。此外，关于组织氛围的研究出现了不同的测量方式，这也导致了许多不同的实证研究出现了结论上的矛盾（Schneider，2013）。

由于组织氛围研究存在目标过于笼统、测量过于宽泛、研究结论不能聚合等弊病，施耐德（2013）建议应避开对一般性组织氛围（Genetic Climate）的讨论，而关注于特定的组织氛围（Specific Climate）研究。他认为，组织氛围应有其关注的焦点，并且应该与研究者感兴趣的事物联系起来。因此，组织氛围的维度应根据研究目的和兴趣标准的不同而有所差异。为此，基于特定行为和特定现象的关注，一些特定的组织氛围，例如公平氛围、建言氛围、创新氛围、安全氛围等应运而生。特定组织氛围更加集中于与特定结果（如公平、安全）相关的维度上，提高了测量的效度，从而使氛围与组织结果的关系更为密切。埃尔哈特（Ehrhart，2004）认为，与一般氛围相比，特定氛围的优势在于各种特定氛围能够明显地区分开来，更聚焦于特定组织结果从而使研究更有针对性，并且组织氛围和结果变量的联系更为密切。一些较为常见的特定组织氛围列举见表 2.6。

表 2.6　主要特定组织氛围及其内涵

特定组织氛围	内涵	相关信息
公平氛围	指组织成员组织实施政策、程序、奖励等公平程度的感知，包括程序公平、结果公平等维度	（Roberson，2012）
建言氛围	指成员对组织是否鼓励、接纳员工建言的感知，包括建言安全感知和建言效能感知等维度	（Morrison，2011）
创新氛围	指成员对组织中存在的与创新和创造力相关的元素的主观认知和知觉体验	（Amabile & Conti & Coon，1996）
心理社会安全氛围	指成员对组织是否重视员工工作过程中与心理健康和安全相关的政策、规程和行为实践的共同感知	（Idris & Dollard & Coward，2010）
政治氛围	指组织成员对组织内自私的，缺乏组织认可的行为的共同感知，是一种相对消极的氛围	（Landells & Albrecht，2013）
劳动关系氛围	指组织成员对劳动关系状况的心理感知，分为劳资双赢氛围、劳资对立氛围和员工参与氛围等维度	（崔勋 等，2012）

在关于特定组织氛围的实证研究中，特定组织氛围的前因和结果变量引起了学者们的兴趣。归纳学者们的研究，特定组织氛围的前因变量可分为 3 个层次：①管理者个体层次。领导者的特质、价值观、管理风格等都会

影响特定组织氛围。如高伟明等（2017）研究表明伦理性领导对员工的安全氛围有显著影响。②团队层次。实证研究表明团队规模、多样性、团队文化对特定组织氛围有影响。如马格尼等（Magni et al.，2012）发现团队成员多样性正向影响程序公平氛围。③组织层面。组织文化、组织导向等组织特征会影响组织氛围。例如，学者们认为，服务导向的高绩效工作系统和服务型领导均对服务氛围具有正向影响（Jiang et al.，2015）。

由于特定组织氛围的指向性更强，因此特定组织氛围的结果变量更加针对某种特定现象和行为。许多实证研究表明，特定组织氛围对组织成员的态度、满意度、行为等有显著的影响。例如，顾远东和彭纪生（2016）研究发现，当组织的创新氛围较高时，会提升员工的创新行为；索拉等（Sora et al.，2013）研究发现工作安全氛围与成员的工作满意度、组织承诺、工作投入、组织信任四个因变量都显著相关。并且，特定组织氛围也会对组织绩效产生影响。例如，吴庆松等（2011）通过一项跨层次研究，表明组织创新氛围对企业技术创新绩效产生直接影响效果。

综上，根据认知心理学的 S-O-R 理论，外在环境的刺激会改变内部有机体的状态，从而使其做出反应。在特定组织氛围的研究中，形成了外部影响（S）—特定组织氛围（O）—行为和绩效（R）的较为完整的实证研究路径，如图 2.4 所示。

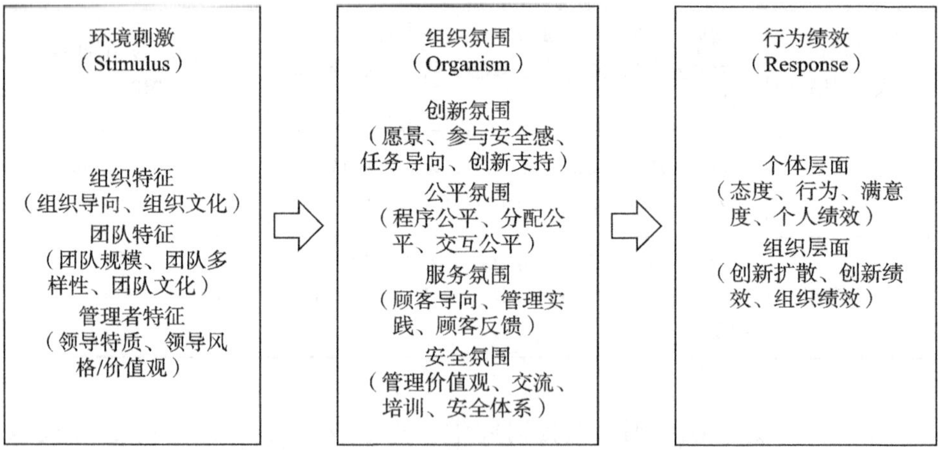

图 2.4　组织氛围前因与结果的实证研究归纳

三、虚拟社区环境与氛围研究

不同于一般的企业组织，虚拟社区具有自发性、非强制等特点，因此虚拟社区的环境和氛围与企业组织氛围有较大不同。目前，一部分学者从较为客观环境的角度出发，研究虚拟社区的管理环境，以及如何有效地设计和管理社区环境；还有一部分学者从主观的角度出发，研究虚拟成员对社区氛围的感知。

（一）虚拟社区的客观环境

由于创新社区是一个领先用户的“天然聚集地”，他们在社区内有大量的贡献，因此创新社区的设计必须要与领先用户的特性及其行为方式相契合。普罗布斯特和博尔齐洛（Probst & Borzillo，2008）通过对欧美 57 家实践社区（Community of Practice）的案例研究，总结出成功的虚拟社区的环境具有以下特点：①清晰的战略目标。清晰的战略目标有利于发展出共享实践，制订明确和可量化的目标为成员提出了明确的方向。②将目标划分为子话题。明晰的子话题可以让成员找到自身感兴趣的话题，从而有更积极的投入。③主办企业和社区管理者形成“治理委员会”。治理委员会评估社区的活动是否对组织有战略意义，并能向企业申请重要的支持。④经常向社区提供外部专长。定期邀请大学、研究中心的学者向社区分享他们的见解，能够激发社区的创新气氛。⑤弱化社区和企业的边界。将社区连接到企业内部网络中，有利于社区成员的积极参与。⑥没有层级压力。社区应该是一个没有层级的学习性环境，成员的行为不受上级的影响。⑦向企业提供可以衡量的成果。向企业证明社区的运营有利于组织战略目标的实现，以便社区能够获得企业的持续投资。⑧向成员阐述社区的积极成果。向成员表明他们的贡献是有价值的，能鼓励成员更积极地在社区中参与和贡献。在这些经验基础上，普罗布斯特和博尔齐洛（2008）提出了社区环境治理的模型，如图 2. 5 所示。

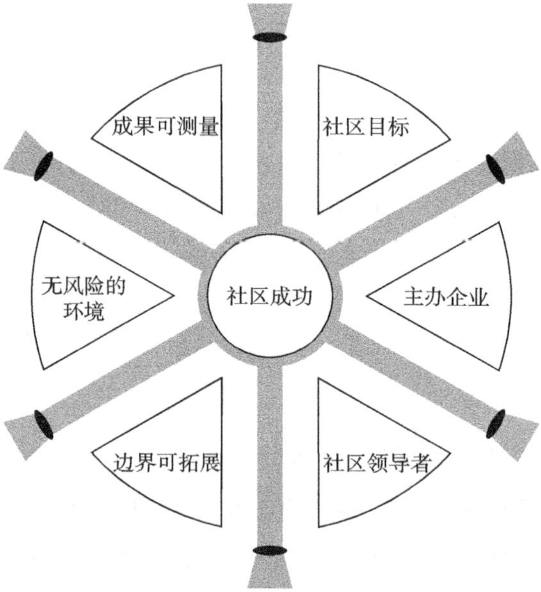

图 2.5　虚拟社区环境治理模型

资料来源：PROBSTAB G，2008. Why communities of practice succeed and why they fail [J]. European Management Journal，26（5）：335-347

为了充分发挥用户的潜力，创新社区必须可以对产品概念进行评估、刺激用户的创造力、提供用户共同解决问题的功能、提供奖励机制以及保护数据隐私的功能，这样才能实现“基于社区的创新”。富勒等（Fuller，et al.，2006）总结指出，在社区设计中，有若干理论和工具可供参考。例如，“沉浸理论”指出要让用户在社区中产生流畅的使用体验，产生“沉浸感”；“社会交换理论”要求社区互动必须对成员和企业都能提供价值，这种价值不一定是经济回报，也可以是精神上的收益；“用户工具箱”方法则是一种有益的技术工具，能够使用户创建他们自己的创新产品。在这些理论和方法的基础上，有几个重要的社区环境要素需被着重考虑，例如：虚拟交互的强度（参与者数量、参与频率和持续时间）、多媒体的丰富程度（文本、动画等多种表现方式）、沟通方式（正式或非正式、双向或多向、匿名与否）、提供的激励程度（提供专有信息、经济补偿、乐趣因素）以及一些应用工具（工具箱、虚拟概念测试技术、开放式论坛、创意竞赛）等。

在富勒（2006）研究的基础上，马尔等（2012）遵循着“领先用户特征—贡献类型—社区环境特征”的逻辑，提出了设计开放创新社区的若干要素，如图2.6所示。第一，领先用户有着强烈的创新精神，因此创新社区必须有试错的工具和包容错误的文化。由于企业不能直接控制用户，因此容错和风险回报的文化在社区中显得尤其重要。第二，社区要提供支持个人知识更新的工具或数据库，引导用户之间的知识交互以提升其专业水平。第三，领先用户参与的动机是期望获得乐趣和收益，因此社区要通过激励机制平衡用户的内在动机和外在动机。例如，通过在产品说明中感谢用户的贡献，提升用户的“主人翁”感；通过知识产权共享协议使用户得到经济收益等。第四，社区要充分利用数字化工具，例如同侪评价系统、产品外形设计系统、用户工具箱等，使用户的隐性知识和显性知识能够更好地表达出来。总之，社区环境设计依赖于特定问题，需要根据社区目标和创新任务进行调整。

同时，开放创新社区是一个知识创造的环境，基于有利于知识创造的原则，纳比桑（2002）指出虚拟创新社区环境设计要遵守以下要求：第一，社区内用户的交互发生在网络和社区导向的环境中，社区要有利于用户的社会化过程，促进用户的交互活动。因此社区设计要考虑临时性组织、用户身份、交互特征、用户控制度等因素。第二，社区是一个用户贡献和创造知识的场所，用户在这里发挥他们的创造力，交换他们对知识和技术的看法，因此，社区要能够向用户提供知识获取支持和知识对话支持。第三，社区用户是企业研发团队的有益补充，能有效地整合企业内部开发团队和外部用户，有益于新产品开发的成功。因此，社区应该有识别、选择和整合创新用户的工具，以确保企业内外部人员的耦合。第四，用户参与社区的动机各异，社区应能向用户提供多种价值，包括产品相关的价值、社区相关的价值和媒介相关的价值。第五，社区还要设计知识产权机制，以使社区创造的知识成果能够得到保护。

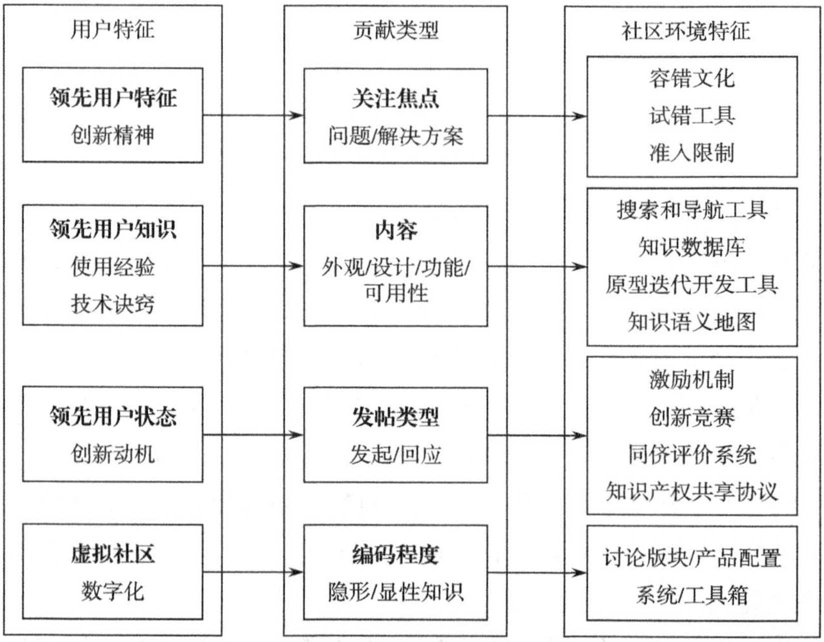

图 2.6　开放创新社区环境的若干特征

资料来源：MAHR D，LIEVENS A，2012. Virtual lead user communities：Drivers of knowledge creation for innovation ［J］. Research Policy，41（1）：167-177

由于不受时间和地理的限制，开放创新社区代表了高度多样化的用户群体。因此，社区成员具有不同的社区参与动机、观点和行为，这可能阻碍社区的健康发展。西拜等（Sibai et al.，2015）从社会控制的角度探讨了这一问题。社会控制是指调整个人行为以适应社会群体特定规则的机制或过程。一般地，在社区中存在 3 种治理结构，即市场治理、层级治理和小团体治理。当社会控制遵循交易逻辑时，就产生了市场治理，市场治理主导了成员之间的交换和交易过程；当社会控制遵循权威的逻辑时，就产生了层级治理。层次治理控制着上下级的交互，是一种权力不对称的相互作用。在 OIC 中，权力不对称包括对技术资源的访问权限等。当社会控制遵循分享的逻辑时，就形成了小团体治理。这是一种“民主管理”或“自我管理”的模式。在实践中常用的社区控制方式（招募新成员、指导和监督、编辑、归档和评价帖子等）都可以归纳到这3种治理框架中，见表2.7。

表2.7 开放创新社区管理实践与控制模式

社区管理实践		市场治理	层级治理	小团体治理
发起交互	招募成员	评估交易方；选择和接触	社区评估和筛选个人（申请/邀请、个人资料筛选）	自发交流；资料筛选
维持交互	解释规则	受益人：寻求资源；供应商：提供资源	管理员：确保规则得到尊重，管理过载信息，促进交互，调解冲突	功能性的社会化角色
	正式化规则	交易各方的权利和责任	社会标准和隐私；成员的基本自由和权利、解决冲突的程序	用户指南，行为准则、使命陈述和常见问题、社区内的传统
	监督	交易监控系统	行为跟踪、语义分析等	审阅个人贡献
	奖励积极行为	非正式正面反馈	奖励虚拟分数、权限等	欢迎、表扬等
	制裁负面行为	非正式负面反馈	编辑、删除、关闭评论、调解、仲裁	通知、提醒
终止交互	解散	—	封禁成员	团体除名

资料来源：SIBAI O, VALCK K D, FARRELL A M, et al., 2015. Social Control in Online Communities of Consumption: A Framework for Community Management [J]. Psychology & Marketing, 32 (3): 250-264

（二）虚拟社区氛围和虚拟社区感

目前，关于虚拟社区氛围的研究尚不成熟，一些学者借鉴组织氛围的研究成果，将其应用在虚拟社区的研究中。例如，赵建斌和景奉杰（2016）将在线品牌社区氛围划分为支持性氛围和控制性氛围两个维度，支持性氛围是指社区管理者鼓励成员地位平等，发展友好关系，自由交流信息的环境感知；而控制性氛围则是社区管理者在社区内实行严格的身份、等级、权限管理制度，以及控制违反社区规范的活动。通过实证研究发现，支持性氛围对顾客创新行为有积极影响，控制性氛围则在支持性氛围和顾客创新行为的关系之间起到调节作用。范钧等（2017）将社区创新氛围定义为参与创新的顾客对虚拟品牌社区中各类创新元素的主观认知，包括任务导向、组织支持和顾客赋权 3 个维度。任务导向是社区用户感知到的企业让其参与完成各种创新任务的程度；社区支持是指用户感知到的企业对其创新活动的关注、引导和帮助程度；顾客赋权是用户感知到的企业赋予其产品或服务创新权力的一系列行为集合。通过实证研究发现，社区创新氛围能够使用户产生一种“内部人身份”认知，从而促进用户在社区中的知识共创。杨洋等（2017）通过扎根研究，发现品牌社区氛围包括分享氛围、和谐氛围、关系氛围和互助氛围等，并且社区氛围有助于成员形成品牌社区认同。

兰纳等（2015）则结合了组织氛围和社区氛围两种研究，他认为在企业主导的社区中，社区成员不仅会产生虚拟社区感，还会感受到自己是企业的一部分。因此，社区氛围和企业氛围都会影响用户的参与行为。基于社会身份理论，他利用案例研究表明，社区实践（外部推广、社区项目、社区愿景和高管参与）和企业实践（开放性政策、内部人感知、参与企业、友谊关系）会使成员感受到两种社会身份，即社区成员身份和企业成员身份。因此，打破企业和社区的边界，从而形成一种理想的融入性氛围，是促进成员持续参与的关键。

此外，还有一些学者研究了社区成员是如何感知社区的，即虚拟社区感。他们将虚拟社区感定义为在以社区为中介的沟通中，成员对社区的归属、身份和依恋的感受（Tsai et al.，2011）。虚拟社区感可以使成员感到满足，形成身份认同，促进成员互动与持续参与，对社区的发展起到至关重要的作用。一些学者甚至认为，只有成员具有虚拟社区感的社区才能够称为虚拟社区。基于社会交换理论、社会认同理论、社会资本理论、社会影响理论等理论基础，学者们对虚拟社区感的内涵进行了解构（表 2.8）。从总体上看，大多数学者认为虚拟社区感包含成员感、影响力和沉浸感 3 个维度。成员感是指社区成员感觉自己是社区一份子的程度；影响力是社区成员感觉自己能在多大程度上影响他人以及被他人所影响，而沉浸感则是指成员专注于社区环境，以及在社区中感到愉悦和满足的程度。一些学者还研究了形成虚拟社区感的前因，例如线上线下活动、持续参与、社区规范、身份认同、相互信任、需求满足等因素。

表 2.8　虚拟社区感的维度划分和理论基础

理论基础	维度划分	相关信息
社会交换理论 社会支持理论	成员感；社区感受；身份显示；交换；成员关系	(Ellonen et al.，2007)
社会资本理论	成员感；影响力；沉浸感	(赵玲 等，2009)
使用与满足理论	社区影响与被社区影响 (成员感；权利与义务；影响和被影响；社区身份；情感联结)	(Tonteri et al.，2011)
技术接受模型	成员感；影响力；沉浸感	(Tsai，et al.，2011)

第三节　用户创造力和创意研究综述

一、个体创造力理论

关于创造力的内涵，大致可分为能力、过程和结果 3 种观点。能力的观点认为创造力是个体的一种能力特质或天赋，主要研究创造力个体所具有的特征，可以根据能力将个人分为高创造力个人和低创造力个人。过程的观点主要研究产生创造力思维的过程，例如定义问题、收集信息、产生创新性想法、对创新性想法进行评价和修改等不同阶段。结果的观点则关注创造力的产出和结果，指个体提出新颖并可行的想法的能力。例如，阿马比尔（Amabile，1983）从产品结果的角度考察了创造力，她将产品的“新颖度”和“意义”作为评估创造力的两个标准，新颖度指想法被认为是新的、不同于竞争对手的程度，而意义则是指目标受众认为想法是适当和有用的程度。

由于创造力是一个较为抽象的概念，许多学者试图从创造力的组成部分视角去诠释创造力。阿马比尔（1983）在其《创造力社会心理学：一种组成成分观念》一文中，最早提出了创造力结构模式理论。她认为创意产品的产生依赖于3种成分，即领域相关技能（Domain-Relevant Skills）、创造力相关技能（Creativity-Relevant Skills）和工作动机（Task Motivation）。领域相关的技能是指个体在某一领域所具备的、有助于各种可能性的全部专长，这是个体进行创造加工的“原材料”，包括知识（事实、原理和策略等）、基本技能（实验、实践能力等）和特殊才能。创造力相关的技能是指对创造水平具有直接影响的元素，包括认知风格、工作方式和对启发式方法的了解等。一些常用的创造力技能诸如研究个例、解释反常、运用类比、变熟悉为陌生等。工作动机包括对工作的基本态度和个体对从事该工作理由的认知两个方面。前者是个体在评价工作与自己兴趣匹配程度时形成的；后者取决于从事该活动时是否存在显著的外部制约影响。此后，阿马比尔（1996）又在这3种成分基础上增加了社会情境（Social Context）成分，情境会影响个体的内在和外在动机，从而对创造力产生影响。

沿袭创造力的构成成分思路，许多学者都提出了创造力的构成模式。斯腾伯格（Sternberg，1991）认为6种元素对创造力有较大的影响，即智力（Intellectual Ability）、知识（Knowledge）、思维风格（Thinking Style）、人格特质（Personality）、动机（Motivation）和环境（Environment）。智力包括综合智力、分析智力和实践智力，贯穿于创造过程的始终；知识则是智力的原材料，是创造的基础；思维风格是人思考问题的方式，是一种较为稳定的特质；人格特质则包括面对障碍时的坚韧性、乐于承担风险、超越自我的愿望、容忍模糊状态和对新经验的开放性；动机包括内在和外在动机，是个体行为的驱动力量；环境则对于个人创造力的成长和发挥具有决定性意义。萨洛梅（Salome，1994）进一步发展了斯腾伯格的模型，提出认知过程、社会和情感过程、教育、社会文化情景、领域特性等因素是构成创造力的主要部分。总之，大多数学者都认为创造力不是独特的个体特质，而是个人的知识和经验、动机、技巧和策略与环境互动的结果。

此外，许多研究探索了影响创造力的前因。研究表明，个体差异、团队特征和社会情景 3 个层次的因素都会对个人创造力产生影响。在个体差异层次，个性和认知风格受到较多关注的因素。例如，在大五人格上得分较高的个体被认为具有广泛的兴趣，他们能够识别多种信息和观点，并且，他们对模糊具有较高的容忍度，对竞争性观点有较高的耐心，并且坚持发展自己的原创想法，因此会有较高的创造力（Feist，1997）。蒂尔尼等（Tierny et al.，1999）检验了认知风格和创造力的关系，发现创新性认知风格的个体比适应性认知风格的个体更具创造力。在团队层次，实证研究表明团队规模、团队多样性、成员经历相似性、团队成立时间等团队特征都对创造力有显著影响。在社会情景层次，工作氛围、工作环境、与合作者的关系、奖励和评估体系、组织结构与文化情景等因素与个体创造力显著相关（Shalley et al.，2004）。个体创造力的影响因素归纳见表 2.9。

表 2.9　个体创造力的影响因素

层次	影响因素	相关信息
个体层次	人格特征 认知风格 动机 情绪	（Puryear et al.，2017） （Chen et al，2015） （Amabile et al.，1983） （Hutton et al.，2010）
团体层次	团队特征 管理风格 人际交互	（Williams et al.，1998） （Hermann & Felfe，2014） （Sethir et al.，2001）
社会情景层次	组织结构 奖励体制 社会网络	（Bharadwaj & Meon，2000） （Amabile et al.，1986） （Perrysmith & Shalley，2003）

二、用户创意及其创意质量

产品创意是产品创新的源泉。创意产生主要发生在正式的产品开发过程之前，即模糊前端阶段（Fuzzy Front End）。该阶段由大量的战略规划、构思筛选、概念生成和概念测试活动构成。用户在该阶段的作用是提供创造性和新颖的想法和创意。近年来，创新管理研究越来越强调用户在新产品构思中起到的作用。特维施等（Terwiesch et al.，2009）指出，在整个行业中，大约四分之一的创新机会来自与用户的互动和新的用户需求。更具体地，用户在创意生成过程中的输入有两种形式：首先，用户可以表达新颖的需求，尤其是尚未被现有市场所满足的需求。在企业专业人士的指导下，基于需求的信息可能成为新产品的起点。大量经典的 NPD 文献都强调了“倾听用户声音”的必要性，指出企业必须与用户互动，以体验产品的使用环境，否则企业无法发现满足用户需求的创新产品。其次，用户也可输出解决方案信息，即除了表达需求和问题以外，用户也可以产生潜在的问题解决方案。例如弗兰克等（2006）的调查表明，高达 30% 的用户曾经自己开发或修改过产品，并且这些产品具有高度的商业吸引力。

目前，关于用户创意质量（Quality of User Ideas）还没有明确的界定。大多数学者利用一条创意对企业的有用程度来衡量其质量。在以往文献中，客观数据法和专家评估法是两种主流的测量方法。客观数据法是利用企业或社区中的客观数据对创意质量做出评估，通常根据该创意被企业/社区采纳与否来确定创意的好坏。企业/社区具有充分的市场经验和知识，可以综合开发前景、市场偏好、与企业战略的一致性等因素，对用户创意做出判断，因此被企业/社区采纳可以被看作是一个创意具有吸引力和前途的“代理变量”。巴尤斯（Bayus，2013）根据创意是否被企业实施来测量创意质量，若用户提交的创意被企业实施则编码为 1，否则编码为 0。刘倩和孙宝文（2018）认为社区认证（社区官方对创意的反馈结果，如已收录、处理中、已处理等）是综合测量创意质量的客观结果，得到社区认证的为高质量创意，未得到社区认证的则为低质量创意。

专家评估法是指通过专家小组，根据一定的标准对提交的创意进行打分，以此来推断它们的质量（Bjork & Magnusson，2009；Poetz & Schreier，2012）。然而，目前还没有学者们一致接受的评估标准，大多根据本研究情景来确定。根据巴拉钱德拉和弗里亚尔（Balachandra & Friar，1997）的观点，相关的标准可以由3个变量来决定：创新的本质（增量/激进）、市场性质（现有/新）和技术性质（低/高）。马格努森（Magnusson，2010）在评估创意质量时确定了新颖性、用户价值和可生产性3个维度，并利用韦恩图对创意进一步筛选（图2.7）。哈特等（Hart et al.，2003）认为，在创意筛选阶段最常用的标准是技术可行性、产品新颖性、市场潜力、客户接受度和直觉等。

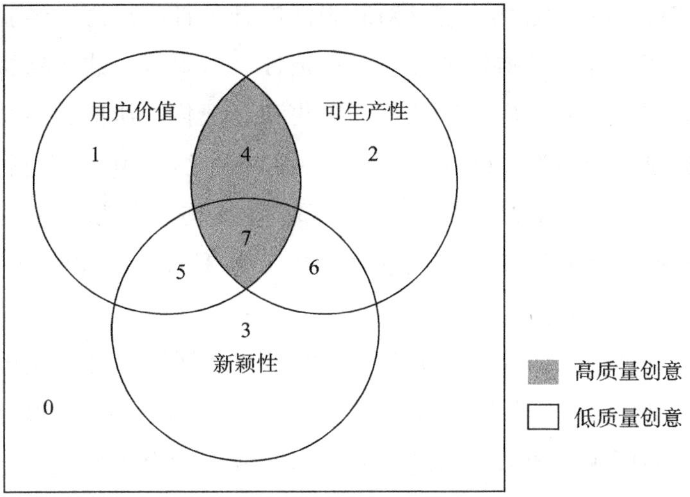

图2.7　马格努森（2010）开发的创意质量评估标准

资料来源：MAGNUSSON P R，2010. Exploring the Contributions of Involving Ordinary Users in Ideation of Technology-Based Services［J］. Journal of Product Innovation Management，26（5）：578-593

注：图中数字代表不同的区域。

综上，学者使用了多种评估用户创意质量的方法，然而现有的方法各有缺陷。专家评估法依赖于个人经验和主观判断，一定程度上会产生系统偏差。并且，在具有海量数据的OIC环境中，人工评估的成本高昂且效率低下。客观数据法虽然相对简单易行，但其根据二分的方法（是否被企业采纳）来判断创意质量，并不能完全反映出创意的好坏。在一些情况下，创意未被企业采纳并非由于其本身质量不高，而是由于企业当前阶段的目标市场、资源、技术等客观情况无法支持该创意的实施（Beretta et al.，2018）。因此，根据被企业采纳与否的标准来评判创意质量，可能造成相当一部分创意被低估。

关于用户能否产生高质量的创意是否真正具有价值一直存在争议。一种观点认为用户能够产生有价值的创意。例如，霍夫曼（Hoffman，2010）指出，用户在概念开发阶段具有很大的潜力，一些用户具有“自然浮现”（Emergent Nature）的能力，包括对新想法的开放性、反思、经验型信息处理和理性型信息处理的协同能力、高创造性、乐观等，这些独特的人格特质和信息处理能力使用户能够进行可视化和合理化的协同，因而产生有价值的产品创意。利林等（Lilien et al.，2002）通过在3M公司进行的一项自然实验表明，用户产生的构思比企业内部产生的构思更为有效。研究表明，3M公司源于用户构思的产品年销售额达到1.46亿美元，比传统方法产生的产品年销售额高出8倍以上。

然而另一种观点认为，真正有价值的新产品创意“往往超出了用户的正常体验范围”。用户可能过于习惯了当前的消费情景，他们固有的惰性阻止了对未来的预测和塑造。而过于依赖消费者可能会误导企业，使企业忽视对突破性技术和机会的关注，从而只能通过用户建议产生渐进性的创新。舒尔茨等（Schulze et al.，2008）指出依靠消费者描述潜在未来产品的方法，不可能产生新产品创意的巨大飞跃，该种观点的理由是用户知识结构的局限性。新颖、有前景的、能引领市场的创新的产生需要创新者具有丰富的经验和专长，而用户在这方面恰恰比较欠缺。莱特尔等（Lettl et al.，2006）同样认为，当用户缺少熟悉的参照物时，他们很难准确地去评估新型的产品概念。

解决这一争议的一个方法是对用户生成的产品创意质量进行更深入的分析。一般地，产品创意质量可划分为新颖度、可行性和用户利益3个维度。克里斯滕森等（Christensen et al.，2004）对用户和专家产生的创意进行了比较，发现在一个移动电话服务项目中，专家产生的创意较为接近普遍的认知，而用户生成的创意则与普遍认知有较大差异。造成这种结果的原因是，专家更倾向于收敛的思维方式，强调想法的可行性，他们的先前经验（Prior Experience）和知识阻碍了他们的发散性思维。而用户对目前的技术方法并不关心，他们不考虑该想法如何实现，因此能够产生更新颖的想法。马格努森（2009）区分了专家、领先用户和一般用户 3 类群体，通过一项准实验研究发现，用户对技术的了解程度影响了其创意的新颖性。领先用户的创意往往是渐进性的，而一般用户的创意则更为激进，他们倾向于挑战现有的主导设计。类似地，波茨和施赖尔（Poetz & Schreier，2012）研究了一个众包竞赛产生的创意，发现用户产生的创意在新颖度和客户利益方面的得分显著高于专家，而在可行性方面的得分则相对较低。

目前，关于开放创新社区中用户创意的相关研究尚处于起步阶段，多数文献为探索性研究，阐述创新社区中用户生成创意的作用、成功经验和管理模式。开放创新社区产品创意的实证研究相对较少，主要是从用户个体层次（例如用户特征、任务特征等）和产品创意特征的角度，探索创意质量的影响因素，见表 2. 10。

表 2. 10　开放创新社区中产品创意相关的实证研究

特征	自变量	因变量	相关信息
用户特征	用户知识多样性、地理多样性	创意采纳	（Beretta，2018）
	用户先前经验/先前评论	创意多样性	（Bayus，2013）
	用户先前创意实施率	创意实施	（Li，2016）
	用户交互	创意质量	（刘倩，2018）
创意特征	创意相对优势、与现有产品兼容度、在社区的受欢迎程度	创意采纳	（Gangi，2010）
	创意表述的细化程度	创意采纳	（Beretta，2018）
	创意数量、创意多样性	创意质量	（Zheng，2014）
	创意流行度、创意长度	创意实施	（Li，2016）

第一，开放创新社区中产品创意的探索性研究。

施拉格魏因和安德森（Schlagwein，Anderson，2014）通过对乐高创新社区的纵向案例研究表明，用户群体能产生众多的新颖产品创意，因此用户提交的创意是传统组织学习的有效补充，创意的反馈过程有助于企业与用户的交互学习。富勒等（2014）对一个国际性的创新竞赛社区进行了研究，利用社会网络分析方法对用户进行了分类，发现社区中的专家用户产生的创意质量最高，而消极用户几乎不能产生有效的产品创意。甘吉和沃斯科（Gangi & Wasko，2010）提出开放创新社区中的主要挑战是理解用户创意、识别最佳创意、创意产权保护和促进用户持续贡献。为此，企业应制定标准化的流程以利于用户描述创意；提供给用户自我管理的工具，例如投票系统，以使用户们对大量的创意的评估达成一致；企业专家应参与到创新社区，确保创意被合理地评价并采纳，促进企业与用户之间的互动；企业针对用户提交的创意应快速给予反馈。贝雷塔（Beretta，2018）提出了管理在线创意系统的3个原则：①定义和形成创意战略，即将用户的创意活动与组织的创新战略结合起来，确保用户的创意活动受到企业指导，并且在组织目标内；②使用综合的社区建设方法，即同时使用多种支持手段以刺激用户持续参与，如制订绩效目标、使用物质和非物质激励、制定反馈机制等；③创意流程正式化，即制定正式的规则和程序，以有效地评估、选择和开发具有潜力的创意。正式化能够确保用户创意活动能够按照程序进行，避免创意偏离组织目标。

第二，开放创新社区中产品创意的实证研究。

开放创新社区情境下，已有研究主要从用户特征和创意特征角度探索影响产品创意质量或创意采纳的前因，涉及到的相关变量包括用户的多样性、用户先前经验、用户交互、创意质量和创意采纳等，见表2.10。

（1）用户特征和与产品创意。该研究探索用户的个体特征是否会对其产生的创意产生影响。有学者通过对产品创意众包平台的研究发现，用户的工程专业知识有助于将创意转化为最终产品，而用户的营销知识能够帮助创意转化为更高的销售额（Zhu，2017）。贝雷塔（2018）通过对欧洲某在线创意平台的研究表明，用户的知识多样性、地理多样性越高，其创意被采纳的机会越大。用户的反馈类型与创意采纳有显著的关系，积极的反馈会增加创意采纳的机会，而消极的反馈则不利于创意被采纳。巴尤斯（2013）使用戴尔 IdeaStorm 社区的面板数据，验证了用户的先前成功经验对后续创意多样性有负向影响，而先前评论的多样性对后续创意多样性和创意实施有正向影响。学者们基于信息说服和认知超载理论，表明用户的先前参与经验和先前实施率与其创意实施的可能性正向相关（Li et al.，2016）。刘倩等（2017）通过对 MIUI 社区的实证研究发现，用户与用户的交互、用户与专家的交互会促进产品创意质量，并且对有成功经验的用户，用户交互与产品创意质量的正向关系更强。

（2）创意特征与产品创意。创意特征研究试图解释什么类型的创意更有可能被企业采纳和实施。甘吉和沃斯科（2010）提出创意的感知相对优势、创意与现有产品的兼容度、创意在社区的受欢迎程度会增加创意被采纳的可能性。贝雷塔（2018）的研究表明创意表述的细化程度与创意采纳呈倒“U 形”关系，创意表达的细化程度过低，会使企业难以评估其内容和可行性；而创意表达的细化程度过高，则增加了企业的认知负荷和认知成本，阻碍了其被企业采纳。学者们采用任务中国（Taskcn）的数据验证了创意数量和创意多样性与创意质量之间存在正向关系（Zheng et al.，2014）。还有学者基于认知超载理论，通过实证研究表明创意流行度和创意实施正相关，创意长度和创意实施负相关，以及创意的支持性证据与创意实施呈倒“U 形”关系（Li et al.，2016）。

第四节　总结与述评

围绕本书的研究主题“社区氛围对用户创意质量的影响机制”，本章首先回顾了用户创新的基本理论，利用文献计量方法揭示了用户创新研究的发展趋势，并着重对本书的研究情景——“开放创新社区”的相关研究进行了总结。其次，回顾了本书两个核心变量（社区氛围和用户创意质量）的理论基础，即组织氛围理论和创造力理论，为后续的理论深化、繁衍、整合和创新提供坚实支撑。在此基础上归纳了相关的探索性研究和实证研究结果。本书认为，现有研究呈现出以下主要特征。

第一，用户创新研究文献数量持续增加，尤其是用户在社区中的创新行为受到越来越多的关注。

以冯希普尔（1976）的开创性研究为肇始，学者们对用户创新现象展开了持续性的研究，“用户与创新”已经发展为创新管理领域的长青主题之一。与信息技术的发展相契合，用户在线上创新活动愈发频繁，在线社区成为用户创新的重要媒介和场所。由于创新社区具有自愿性、交互性、动态性的特征，创新社区情景与现实情景下的用户创新动机、机制和效应有诸多不同，因此用户在社区中的创新行为引起了学者们的极大兴趣。以“基于社区的创新”（Community Based Innovation）、“虚拟客户整合”（Virtual Customer Integration）、“社会化媒体驱动的创新”（Social Media Driven Innovation）为主题的研究不断增多，学者们开始关注社区情景下的用户创新实践对创新理论的启示。

第二，社区情景下的用户创新研究从综合视角转向细分视角，开放创新社区中用户提交的创意成为研究焦点之一。

开放创新社区的初期研究多为阐述性和探索性研究，例如介绍开放创新社区的巨大潜力、实践案例、普遍特征和管理模式。近年来，开放创新社区的研究不断深化和细化，学者们开始聚焦于创新社区情景下的细分主题，例如用户动机、用户交互、用户持续参与和用户创意等。其中，用户创意尤其受到学者的关注。这不仅因为创意是创新的起始和根源，更因为社区环境为用户产生高质量的创意提供了有利条件：创新社区汇聚了不同背景、知识的用户群体，高创造力用户可以产生发散性的创意；具有专业经验的用户可以提供实现创意的途径；而一般用户可以从潜在的“创意池”中识别出最好的创意。并且，创新社区中用户贡献的创意可以以文字、图片等形式保存下来，从而使学者们开展深入的学术研究成为可能。

第三，关于用户创意前因的研究多基于个人特征和创意特征视角，而缺乏对社区情境因素的考察。

已有研究验证了用户知识、先前经验、构成多样性等用户个人特征和创意长度、表述细化程度、与现有产品兼容度等创意特征对创意质量的影响。然而，创造力理论认为创造力不是独特的个人特征，而是个人与社会环境互动的结果（Amabile，1996），诸多研究已经表明组织环境和氛围是影响成员创造力的重要因素。由于用户产生创意的过程发生在创新社区环境下，用户的社区实践深嵌在创新社区之中，因而用户创意可能还会受到社区情境因素的影响。并且，创新社区的相关研究也表明社区激励机制、社区愿景、社区管理、社区支持等社区因素会影响用户行为（Gruner et al.，2014；Langner & Seidel，2015），然而社区情境因素对用户创意的影响如何目前还并不清楚。更具体地，社区情景因素是否会影响用户创意质量，其作用的中间机制如何，都需要进一步的探索。

第四，现有研究表明，组织氛围是影响成员创造力的重要因素。开放创新社区是一个创意和创造力的集聚地，然而开放创新社区氛围的研究还存在空白。

开放创新社区与一般组织相比没有紧密的组织结构，没有上级的权利约束，也没有严格的强制性规范，具有一定公共组织的特征，因此，社区氛围的内涵与特征与传统的组织氛围有很大不同。然而目前学术界对社区氛围的研究尚处于起步阶段，既缺乏对社区氛围的操作化定义，也缺少有效的测量工具。尤其是在用户愈发注重体验的背景下，良好的创新社区氛围能塑造用户的感官体验和思维认同，吸引用户的注意力，对用户在社区中的行为有着重要的影响。因此对创新社区氛围的内涵、测量及其对成员的影响机制进行系统的审视显得尤为必要。

第三章

开放创新社区氛围的内涵、前因与后果：基于扎根理论的探索性研究

第一节　研究问题描述

在开放式创新背景下，许多企业已经不满足于在内部寻求创意，而是更多地邀请外部用户参与到他们的创意生成过程中。用户掌握着丰富的专业知识和产品使用经验，能够准确判断市场需求的发展趋势，他们具有产生高质量创意的潜力。一些研究表明，用户能够产生突破性的产品概念，并且由他们产生的创意具有巨大的商业潜力（Jensen et al.，2014）。在此背景下，越来越多的企业创立了开放创新社区以征集用户的意见。对标准普尔 500 指数中的高科技公司的分析表明，超过 80% 的企业建立了开放创新社区，以从用户创意中获取更多样、更新颖的见解。然而，许多开放创新社区并未达到企业的预期目标（Dahlander et al.，2014）。一些社区并未能使用户产生足够多的贡献；还有一些社区则被低质量的贡献“淹没”了。学者们开始关注企业在促进用户贡献上遇到的挑战。现有研究大多从个人特征和动机角度讨论用户贡献的前因，例如用户的兴趣动机、胜任动机和情感动机等（夏恩君，赵轩维，2017）。然而，现有研究并未回答企业如何

影响和改变个体特征以促进创意产生，因此关于用户个人特征和动机的研究很难对企业的社区管理实践提供指导。

作为一个开放式的平台，社区成员的构成来自分布式的外部用户，这意味着企业无法通过正式的控制手段（如科层式的组织结构、行为控制和结果控制等）管理社区。然而，企业可以借助非正式的方式促进用户的创意贡献，例如提供指导（Dahlander & Piezunka，2014）、认可和反馈（Beretta，2018）、增强用户互动（Wu et al.，2010）等。这些方式的共同点在于其营造出良好的社区环境，使用户产生了被社区所期望、鼓励和支持的心理感知，从而促进了创意产生过程。根据创造力领域的文献，创造力个人与社会环境互动的结果（Amabile，1996）、组织环境和氛围是影响成员创造力的重要因素。由此引出了本部分的核心问题，即开放创新社区情境中是否存在“社区氛围”因素，对用户创意产生影响？更具体地，本部分将聚焦于以下 3 个问题：

RQ1：开放创新社区氛围的内涵和结构是怎样的？

RQ2：开放创新社区氛围形成的前因有哪些？

RQ3：开放创新社区氛围是否对用户创意产生了影响？

目前，对于社区氛围的研究还是一个较为新颖的问题，尚没有成熟的变量范畴、测量工具和理论模型，直接进行大样本问卷的量化研究未必有效。鉴于此，本部分将采用探索性的研究方法——扎根理论建立理论框架。扎根理论在研究之初不需要理论假设，强调通过理论抽样和持续比较分析发展新的理论，适用于挖掘文献中没有提及或很少提及的概念，以及重新界定不能满足现阶段的旧概念，进而诠释新现象（王璐，高鹏，2010），因而适用于本研究。具体地，根据理论抽样的原则选择典型的开放创新社区，通过网络民族志方法对社区用户行为进行参与式观察，并结合对典型用户的半结构化访谈收集资料。通过程序化编码技术对原始文本资料进行分析和概括，进而归纳得到开放创新社区氛围的内涵、结构及其与用户创意关系的概念模型（图 3.1）。

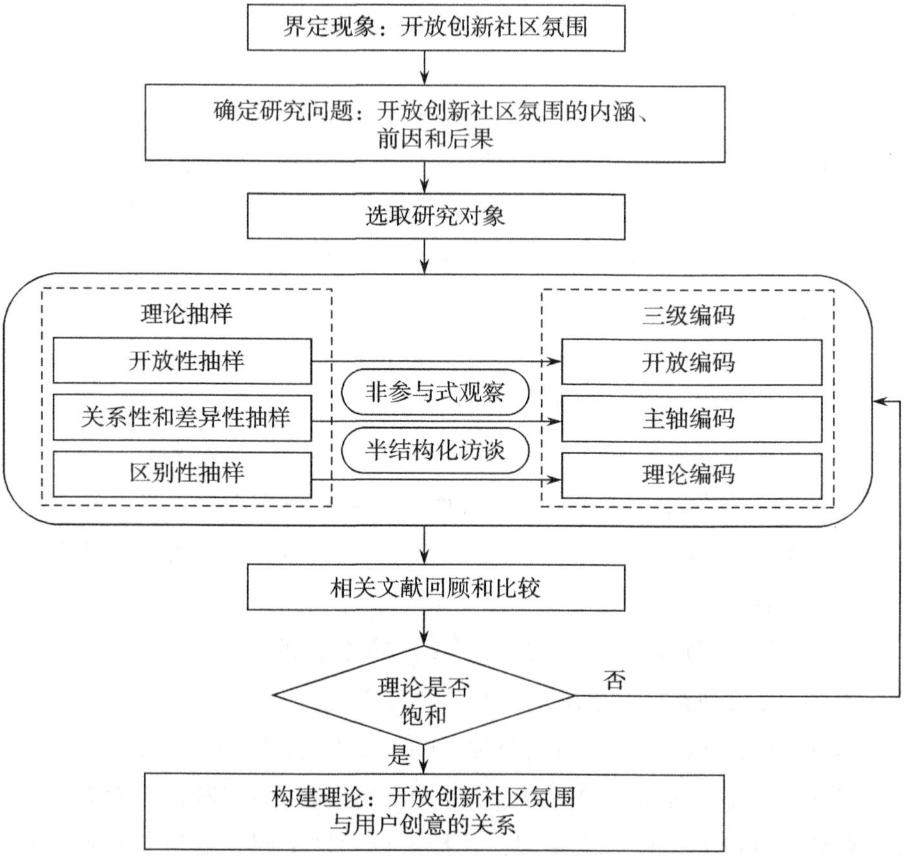

图 3.1　开放创新社区氛围与用户创意关系模型的扎根研究流程

第二节　研究设计

一、研究对象选取

根据程巧莲等（2017）学者的定义，企业主导的开放创新社区是企业出于对外部创新来源的需要而创立的开放式平台，在此平台中用户可以产生创意，并与其他成员合作完善创意，从而为企业的创新过程提供支持。借鉴此定义，本书界定了研究对象的选取范围和原则：①社区必须是由某企业创建的，而并非由用户自发创建的；②社区的主题是某一领域的创新话题，成员发布的内容大多都是提出创新需求或者问题解决方案。因此一些品牌社区、开源软件社区被排除在外；③社区的创立时间、关注领域和活跃度尽可能地体现出差异性；④社区的创意竞赛信息、用户信息是公开和易于获得的。按照以上原则，本书选取了海尔 HOPE 开放创新平台、华为产品定义社区、米柚 MIUI 社区等 7 个开放创新社区作为研究对象（表 3.1），其中海尔 HOPE 开放创新平台、米柚 MIUI 社区等已经成为许多学者研究的对象，具有良好的代表性。

表 3.1　研究对象选取

创新社区	主导企业	关注领域
海尔 HOPE 开放创新平台	海尔集团公司	智能家电产品
Deepin 社区	深之度科技有限公司	Linux 操作系统开发
DJI 大疆开发者社区	大疆创新科技有限公司	无人机
米柚 MIUI 社区	小米科技有限责任公司	手机操作系统
华为产品定义社区	华为技术有限公司	通信、网络与安全
金蝶社区	金蝶软件集团	ERP 系统
盖乐世社区	三星（中国）投资有限公司	手机

二、数据收集

与实证研究所要求的随机抽样不同，扎根理论的抽样方式为理论抽样，数据收集由正在形成的理论所指导，在研究过程中形成的概念、类属和理论指引研究者进行下一步抽样。这一过程是不断迭代的过程，数据的收集和分析工作同时进行，在数据和理论之间不断地进行比较和分析，并适时地补充数据资料。本研究的数据收集工作可分为 3 个阶段：第一阶段是开放性抽样（Open Sampling），即根据研究问题，选择能够为研究问题提供最丰富信息的人物、场景和事件进行抽样，以初步发展概念和类属；第二阶段是关系性抽样（Relational Sampling），即在理论形成过程中，更有针对性地选择与现有类属相关的样本，对浮现出的概念、范畴和理论进行梳理，以发现其中的关系模式；第三阶段是区别抽样（Discriminal Sampling），即在理论基本形成的基础上，选择有助于进一步修正、完善理论的对象进行调查，以增强理论的可信度和普适性。具体地，本研究以用户帖子和深度访谈资料作为数据来源，两类数据的收集过程分别如下。

（1）用户通过在社区中发帖来记录自己的创新活动，其帖子能够代表用户对创新的态度、行为和其他方面，具有真实性、有效性和广泛性的特点。网络文本作为一种数据来源，在学术研究中已有较多的应用（靳代平等，2016）。该学者从 2017 年 2 月—10 月对前述 7 个开放创新社区的帖子进行了跟踪浏览，通过持续的搜集、整理和更新，选定了 53 名用户作为数据收集对象。进一步地，根据研究目的对帖子进行整理，删除重复的帖子、无意义的水帖和过于简单的帖子（如仅有一个“赞”），最终获得了 51 名用户所发表的 3740 条帖子，共计 5 万余字。

（2）深度访谈资料是本研究的第二类数据来源。为了保证对社区氛围和用户创意行为有全面的理解，本书的访谈对象包括为 3 类，即企业负责社区事务的经理、社区版主和社区用户。按照理论饱和的准则，调查者利用在线访谈的方式采访了社区事务经理 4 人、社区版主 7 人和社区与用户 14 人，其基本资料见表 3. 2。在访谈过程中，调查者尽量保持一种参与者的姿态，避免先入为主的引导和提示，较多使用开放性问题，鼓励受访对象说出真正的想法。具体地，访谈采用了半结构化的方式，围绕“社区氛围”“用户的创意贡献”的核心概念设置了一些固定的问题，例如“你是否经常参与创意活动”“你参与创意活动的原因是什么”“你对该社区有何评价和感受”等；并且在过程中根据被访者的回答进行追踪式提问，例如，被访者提到“感觉这个社区的气氛挺好的，大家都很积极”，调查者即继续问道“气氛具体指什么呢？表现在哪些方面”……依次不断挖掘被访者话语背后隐藏的含义，逐渐加深理解。每次访谈大约进行 30~50 分钟，访谈结束后调查者将重要的信息记录下来，所有数据收集和整理完毕后，调查者共获得了 8 万余字的访谈记录。

表 3.2 访谈对象信息

项目	具体信息	人数/人
类别	企业经理	7
	社区版主	7
	社区用户	11
性别	男	11
	女	14
年龄	25 周岁以下	12
	26~30 周岁	7
	35 周岁以上	6
学历	本科	11
	研究生	14

第三节 数据编码和模型构建

编码是对质性资料进行分析的重要环节，它要求研究者从数据中发现理论。在编码过程中，研究者要对可能形成的任何理论保持开放的态度，编码结果既要紧贴数据、能够反映数据的真实含义，又要足够抽象和提炼，形成可以进行理论研究的概念和类属。本研究利用施特劳斯和科宾（Strauss & Corbin，1990）提出的程序化编码技术，通过开放式编码（Open Coding）、主轴编码（Axial Coding）和选择性编码（Selective Coding）3 个步骤来构建理论。

在数据分析过程中，数据的丰富性和多样性使得编码工作非常复杂。为了保证编码的系统性，采取了以下资料分析策略：①建立编码小组。笔者和两名研究生共同组成编码小组，小组成员经过训练后各自进行标签化、概念化环节；而范畴化、主轴编码和选择性编码由 3 名成员共同进行，有不同意见时共同讨论直到达成一致。②利用软件辅助编码。在选择性编码阶段使用了 Nvivo 10 作为辅助研究工具，借助 Nvivo 10 良好的模型建构功能，建立起范畴和范畴之间的联系。③持续比较。已形成的概念和范畴对后面的编码起指导作用，当有新的发现时（如出现新的或难以归纳的概念和属性），再与先前的编码结果进行分析比较，甚至返回修正先前的编码结果，使归纳提炼的概念、范畴以及范畴间关系不断精细化。

一、开放式编码

开放式编码的目的是分析原始资料，进行现象归纳、概念界定以及发现范畴，即对资料进行聚敛。过程中要求研究者带着“理论触觉”和开放式的心态，全面捕捉资料中的关键信息，不断地比较资料中的现象，逐步对一些具有共性的现象进行抽象化和命名。

首先，对原始数据进行编号。对于社区中的帖子文本，编号规则为“A-帖子编号-语句编号”，例如 A-1-3 代表第一个帖子的第 3 个语义段落；对于访谈资料，标号规则为“B-受访者编号-语句编号”，例如 B-2-3 表示第 2 位受访者所说的第 3 个语义段落。然后，由 3 名编码员独立进行编码，逐词逐句对原始材料贴标签，在原始资料与概念、范畴间不断循环往复考察。按照最大可能性原则，综合 3 人提炼的所有初级代码，并删除出现次数较少的初级代码（少于 5 次），共得到了 236 条初级代码。接着，对这些初级代码进行整理和归纳，形成了 94 个概念。进一步对具有相同本质属性的概念进行聚类和命名，最终得到了 28 个范畴（表 3. 3）。

表 3. 3　开放式编码结果

范畴	包括的概念	原始语句例证
技术主导	获取用户需求、寻求创新技术、寻求问题解决方案等	B-2-15：我们建立社区的一个重要目的是做用户研究……用大数据技术获取精准的用户洞察，挖掘产品创新机会（获取用户需求）
市场主导	维护消费者关系、扩大品牌影响、产品上市发布等	B-4-13：小米社区是米粉的大本营，主要为了给米粉们打造一个良好的互动平台，维持用户黏性（维护消费者关系）

续表

范畴	包括的概念	原始语句例证
功能搭建	论坛功能、设计和试验功能、竞赛功能、数据分析功能等	B-2-38：我们的社区里有竞赛系统，会不定期地举办一些创意竞赛，所有的发布任务、提交方案、评估和奖励都在这个系统里实现（竞赛功能）
内容运营	主动发布话题、鼓励优质内容、更新资料库等	B-3-54：我们每天都会选择一些内容好的帖子进行推荐……以内容质量优先，如果社区人气不行，就找一些站外的内容（鼓励优质内容）
成员创新性	趋势领先、期望收益、专业知识等	B-11-3：我算是一个骨灰级的（3D 打印）发烧友了，从国内还没火那会就开始关注了……基本每天都会关注一些最新的动态（趋势领先）
成员社区承诺	持续参与、积极贡献	B-24-78：感觉像是一种习惯吧，反正每天都会逛一会儿社区，没事就签个到，在那挂着（持续参与）
成员身份认同	品牌身份认同、社区身份认同	B-7-36：我的手机就只用小米的，“米 1”到“米 5”都用过（品牌身份认同）
理念倡导	社区宗旨、社区愿景	B-1-19：我们制定的社区文化理念是“开放、合作、分享、共赢，共同探索新时代下的开放创新之路”（社区愿景）
激励认可	社区激励、同侪认可	B-10-66：比较开心的就是我发在社区的 DIY 作品能受到其他人的肯定（同侪认可）
学习成长	学习知识、交流经验	B-17-53：在社区里能学到很多知识。现在是一个技术高速发展的年代，只有不停学习才能活下去（学习知识）
包容文化	容忍错误、多样性	B-4-60：只要不是违反国家法律政策的，哪怕再古怪的想法也可以提出来，这是我们社区的特色（多样性）

续表

范畴	包括的概念	原始语句例证
同侪交互	建立关系、交流互动	B-6-23：我大概关注了50多个好友吧……经常会关注他们的动态（建立联系）
社区活动	线上活动、线下活动	B-3-54：社区会员是可以免费参加的（线下活动）
资源共享	知识共享、产品共享	B-41-3：社区最重要的就是开放和分享精神……几乎所有用户的DIY作品都是免费公开给大家的（产品共享）
协作创造	反馈与评价、共同改进	B-9-35：别人提的意见挺重要的，尤其是一些“大神”，有时候他们说一点就能点中要害，对完善你的产品有很大帮助（反馈与评价）
战略聚焦	企业战略、明确任务目标、定义搜索边界	A-54-1：基于产业发展需要，平台本周发布项目合作需求……寻求可以在0.5米距离内精准识别儿童的识别模块（定义搜索边界）
资格限制	社区准入资格、资源获取资格	A-11-8：完成实名认证后，可获得平台精准推送的项目信息（资源获取资格）
正式流程	提交程序、评估程序、实施程序	B-2-62：提交办法：加入圈子—提出初步建议—与华为专家深入讨论—提交正式建议（提交程序）
社区规制	内容规范、行为规范、产权规范	B-8-14：意见反馈须在社区指定栏目内并按照相关规定提交，禁止发布未经许可的商务广告或其他带有违规宣传性质的信息（内容规范）
层级结构	设立等级、设立权限	B-3-10：社区里有管理员、专家、精英用户和一般用户不同的级别……级别越高能下载的资源就越多（设立等级、设立权限）

续表

范畴	包括的概念	原始语句例证
用户知识	用户专业知识、用户使用经验	A-19-1：感谢楼主的好帖！这下对MIUI新系统更了解了（用户使用经验）
用户动机	内在动机、外在动机	A-18-1：哈哈，又有奖品可以兑换了，赶紧做任务去（外在动机）
角色认知	角色认知	A-15-2：版主对活动规则的解释很清楚，感谢（角色认知）
核心系统创新任务	功能创新任务、架构创新任务	A-7-3：食品冷冻过程中施加高压电场能够改变食品冷冻曲线……先寻找对高压电场技术有一定研究的用户进行咨询（技术创新任务）
周边系统创新任务	外观创新任务、可用性创新任务、人机交互创新任务等	A-8-15：新一届三星盖乐世屏保设计大赛开始啦！（外观创新任务）
创意新颖性	创意新颖性	A-17-5：从来没想到过还可以用MIUI实现门卡模拟功能，真是脑洞大开（创意新颖性）
创意可行性	创意可行性	A-13-1：楼主的想法不错，但是实施起来难度有点高（创意可行性）
创意价值性	创意价值性	A-9-31：这个小插件解决了我一直以来的难题，实在是太好了！（创意价值性）

二、主轴编码

主轴编码的主要任务是建立概念和范畴之间的联系，以表现资料中各个部分的有机关联。具体操作是从范畴与概念、范畴与新资料两个方面不断比较分散的原始资料，描述范畴的维度和属性来扩展其密度，探究新资料以重组范畴和关系。通过聚类在不同的概念之间建立关联，把不同但是相似的类属放在一个框架中。一般运用“因果条件—现象—脉络—中介条件—行动/策略—结果”的典范模式，来发展范畴的性质和构面。在实际编码过程中，本研究的开放式编码和主轴编码是交叉进行的，以确保形成的类属能够较好地体现原始资料。

编码小组首先确定了28个范畴各自的含义，并将含义相近的范畴归置为一组。然后，由编码小组成员共同讨论各个组别的范围和定义，分析发现确实存在一定的范畴归类和因果关系，可以将开放式编码形成的28个类属进一步归纳为8个主范畴，各自包括的范畴和内涵见表3.4。

表3.4　主轴编码形成的主范畴

类别	主范畴	内涵	包括的类属	内涵
因果条件	企业目标定位	企业对于社区的期望和定位	技术主导	企业创建社区的目的是为寻求技术
			市场主导	企业创建社区的目的是为获取市场
	社区运营措施	社区日常运营的策略和措施	功能搭建	社区的基础设施和技术功能构建
			内容运营	社区对用户生成内容的管理
	社区成员特征	社区组成成员的一般属性	成员创新性	社区成员所具备的创新特质
			成员社区承诺	成员对社区的心理依恋程度
			成员参与动机	成员参与社区的动机
现象	开放性氛围	社区鼓励用户参与、合作、互动和创新的程度	理念倡导	社区倡导的创新理念
			激励认可	社区对创新行为的鼓励
			学习成长	社区能够给用户带来的提升
			包容文化	社区容纳多样性和创新风险的文化
			同侪交互	社区成员的相互交流
			社区活动	社区主办的集体活动
			资源共享	社区成员分享知识和资源
			协作创造	社区成员共同进行创新任务
	控制性氛围	社区对用户的身份、活动、内容进行监督、规制和治理的程度	战略聚焦	社区设立了正式的社区战略目标
			资格限制	社区制定了加入社区的资格门槛
			正式流程	社区制定了规范的创意活动流程
			社区规制	社区确立了明确的行为规范
			层级结构	社区内具有层级式的结构
中介条件	用户就绪	用户对贡献创意的准备状态	创新知识	用户贡献创意所需的知识和技巧
			贡献动机	用户对贡献创意的愿望
			角色认知	用户对自己扮演角色的清晰程度

续表

类别	主范畴	内涵	包括的类属	内涵
语境	创新任务类型	用户开展创新任务的类型	核心系统创新	与产品主要功能相关的创新任务
			周边系统创新	与产品附加功能相关的创新任务
结果	用户创意质量	用户贡献创意的质量	创意新颖性	创意的原创程度
			创意可行性	创意可转化为实际产品的程度
			创意价值性	创意解决消费者实际问题的程度

三、选择性编码

选择性编码是将主轴编码所发现的范畴进行系统的分析后选择一个“核心范畴”，将核心范畴系统地与其他范畴联系起来，并以“故事线”的方式描述现象、行为和脉络条件，发展出新的实质理论框架。所形成的分析性故事要具有连贯性，它能使范畴之间的关联形式概念化，也会使分析性的故事变得理论化。

在选择性编码阶段，本书引入了 Nvivo 10 质性分析软件，该软件具有良好的模型建构功能，提供了概念之间逻辑关系的表达功能。具体操作是在原始材料中具有明显指向性的概念之间建立起逻辑关系，并依据概念所属的范畴提炼各个范畴之间的逻辑关系结构。在此过程中所使用的逻辑关系包括等同、包含和因果等，结果见表 3.5。本研究形成的主范畴及相互关联关系在原始材料中得到了清晰的体现。

表 3.5　概念之间的关系指向性及其所属范畴举例

主范畴关系结构	关系结构的内涵	代表性原始语句
企业/社区/个人因素→社区氛围	企业、社区和个人三个层次的因素，营造出了差异性的社区氛围	B3-8-13：公司创立社区的初衷是为了维护与产品粉丝的关系……做了很多线上线下活动，社区里的人气很快活跃起来了（企业对社区的定位影响开放性氛围）

续表

主范畴关系结构	关系结构的内涵	代表性原始语句
社区氛围→用户就绪	开放创新社区氛围影响用户对贡献创意的准备状态	B-13-24：因为社区里大家都挺活跃的，每天都有很多新帖子……基本都是无私地贡献各自的资源，所以我也挺乐意把自己的想法展示出来（社区开放性氛围影响用户动机）
用户就绪→用户创意质量	用户的准备状态对其创意质量产生影响	B-9-38：在社区里能学到很多，因为有很多人可以请教，也有一些资源可以自学……明显感觉自己提交的作品比以前更完善了（创新知识影响用户创意质量）
创新任务类型的调节作用	不同的创新任务（核心/周边系统创新）情景下，社区氛围对用户创意质量的影响不同	B-8-10：这个驱动模块很让人头疼，一不小心就死机了……我在社区里与很多“大神”交流探讨，才设计了一个通用的适配插件 B-17-19：其实设计个图案不难，也基本不用参考其他人的方案……最后的方案基本都是自己设计的（创新任务类型对社区氛围和用户创意质量的关系起到调节作用）

程序化扎根研究强调概念之间的联系，研究最终形成的理论要具有连贯性，理论是一套在关系命题中相互联系的完善概念，它们共同构成了一个完整框架，可以解释和预测现象（Strauss，1998）。通过对范畴关系结构的梳理，本书发现社区氛围影响用户创意质量的过程可以统领整个范畴的故事线。具体的故事线可概括为：企业对社区的目标定位、社区运营策略与社区的成员构成3个层面的因素，塑造出了差异性的开放创新社区氛围，包括开放性氛围和控制性氛围两个对立统一的方面。社区氛围会对用户创意质量产生影响，积极的社区氛围对用户创意质量有促进作用。并且，这种作用是通过提升用户对创意活动的准备状态（用户就绪）而实现的。此外，在不同的创新任务（核心/周边系统创新任务）情景中，社区氛围对用户创意质量的影响强度会发生变化。最终形成的理论框架如图3.2所示。

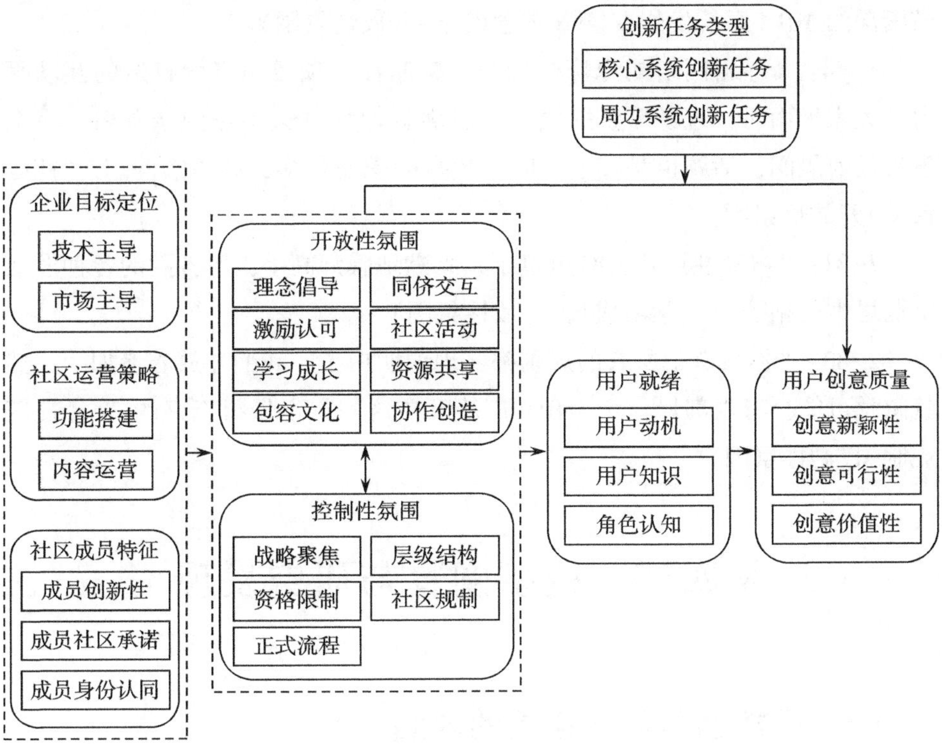

图 3.2　开放创新社区氛围的内涵、前因与后果

四、理论饱和度检验

当搜集新鲜数据不再能产生新的理论见解时，也不再能揭示核心理论范畴的新属性时，就是理论已经饱和。在前期抽样过程中，数据采集和编码过程是交叉进行的。笔者在连续比较了 25 个访谈对象和 51 名用户的帖子内容，并没有发现新的内容和现象后，才停止了数据采集工作。因此可初步认为已经理论饱和。

在所有的编码程序完成后，为了进一步检验所形成的理论是否饱和，笔者于 2017 年 12 月—2018 年 1 月在上述 7 个开放创新社区中随机抽取了 7 名用户，对其进行了在线访谈。对访谈内容进行分析后，并没有发现新的范畴和关系，因此可认为上述理论是饱和的。典型的访谈内容示例如下：

1-53：“社区的口号就是‘为发烧而生’，所以这个社区里基本都是比

较资深的 MIUI 系统发烧友。”（理念倡导-开放性氛围）

3-44：“感谢网络能源峰会论坛，感谢社区项目组倾力打造的互动平台，大家见面时，现场热烈的气氛，仿佛就像那许久不见的老友般，完全没有任何隔阂，话题也是接连不断，我真的受益颇多，感悟颇深。”（社区活动-开放性氛围）

7-31：“习惯性点开 JDC 逛逛了，默默地膜拜高手，看各圈的各种发散脑洞思维的帖子。”（学习成长-开放性氛围）

2-83：“你只有把所有的规则都实现说明白了，我们才放心参加，不然就感觉可能会有内部操作……HOPE 社区在这一点上做得挺好的。”（社区规制-控制性氛围）

第四节　模型阐释与研究发现

一、开放创新社区氛围的内涵

施耐德等（2013）认为，任何组织过程都可以通过氛围视角进行有益的研究和理解。与一般企业组织中的氛围相似，本研究发现开放创新社区中同样存在“社区氛围”。社区氛围源于个体成员对社区环境的主观知觉，它是社区成员对社区所期望、倡导的政策，是实践和行为的共同感知，是社区和成员相互作用和演化而产生的结果。当同一社区的成员感知基本一致时，这些感知便可称为社区氛围。通过对质性资料的进一步分析发现，社区氛围具有 3 个典型特点。

第一，社区氛围具有相对稳定性。

在同一个社区中，大多数成员对社区氛围的感知是高度相似的。例如，在对 MIUI 社区的 6 名成员的访谈中，有 5 名成员都用了“互动非常活跃”“人气很旺”“交流很频繁”等表示良好“互动氛围”的词语来表达对 MIUI 社区的感觉。类似地，在海尔 HOPE 创新社区、华为产品定义社区也发现了相似的结果。

第二，社区氛围可以将一个社区与其他社区区分开来。

社区氛围是一个社区所具有的独特环境和风格，研究发现，不同社区中的成员对各自所属社区的评价截然不同。例如 MIUI 社区成员访谈中与氛围相关的高频词语多属于“同侪交互”和“社区活动”范畴；而极客社区成员访谈中与氛围相关的高频词语多属于“学习成长”和“激励认可”范畴。

第三，社区氛围能够影响成员的行为。

研究发现，社区管理者很少直接干预社区成员，而是通过营造社区氛围潜移默化地改变用户行为。例如，在 Deepin 社区的创立初期，社区并不活跃，用户的贡献行为很少。针对这种情况，社区管理者通过经常地主动发起话题、给予积极用户奖励、置顶和推广优质内容等方式，积极打造社区的共享氛围，使社区用户贡献度有了显著提高。正如其中一位成员所说的“大家都在分享自己的想法，慢慢地也会想把自己的想法分享给大家。(B23-5-44)”因此，社区氛围是介于社区组织系统和用户行为之间的桥梁，相比正式的制度，社区氛围会令成员更易于接受。

根据上述对开放创新社区氛围特征的分析，借鉴组织氛围的定义，本书将社区氛围的内涵定义如下：

社区氛围是成员对社区中所重复出现的态度、实践和行为模式的共同感知。当同一个社区中的成员对社区具有相似的感知时，这些共同感知便汇聚成了社区氛围。社区特征是社区氛围产生的原因，而成员对社区环境的知觉体验是对这些原因的解释。社区氛围具有相对稳定性的特点，它使成员理解什么是社区所支持和鼓励的，因而能够潜在地影响成员的动机和行为。

施耐德（1975）指出“氛围”的概念具有普遍性和包容性，关于氛围的研究需要关注重点和制订目标。换言之，氛围应该具体指“某物的氛围”。与一般性氛围相比，特定氛围的指向更加清晰，与某种结果的联系更加紧密。为了提高社区氛围研究的有效性，本书对开放创新社区氛围的内部结构进行了进一步探讨。在对质性资料的分析中，本着能够代表在线社区的基本性质，并且能够体现不同社区差异性的原则，研究发现了开放创新社区氛围的两个方面，即开放性氛围和控制性氛围。与组织氛围的特定维度相比，公平氛围、建言氛围、多元化氛围和安全氛围并未出现在社区氛围的维度中，这一方面是由于社区的性质不同于一般的组织，例如公平氛围是指员工对分配公平程度的共同感知（Chung，2015），而在社区中成员的参与都是自愿的，并不涉及分配环节；另一方面是因为这些氛围在不同社区中的差异性并不明显，致使多数用户并不能感知到这些氛围在社区中的存在。例如一位用户在访谈中提到的："社区本来就是开放和多元化的，几乎所有的社区都欢迎各种背景的人加入……这个因素（多元化氛围）在选择加入社区的时候可以忽略不计。（B11-5-70）"

具体地，开放性氛围是指社区支持参与、互动、合作、分享和创造的程度。通过对质性资料的分析发现，开放性氛围包括理念倡导、激励认可、学习成长、包容文化、同侪交互、社区活动、资源共享和协作创造 8 个范畴：理念倡导是指社区所倡导的创新理念；激励认可是指社区对用户创新提供的奖励和认可；学习成长是指社区成员希望学习和吸收新知识从而提升自己的程度；包容文化是指社区容纳多样性和创新风险的文化；同侪交互是指社区用户之间的相互联系和交流；社区活动是指社区举办的各种线上线下活动；资源共享是指用户之间相互分享知识和资源；协作创造是指社区成员共同进行创新任务。

控制性氛围是指社区对用户的身份、活动、内容进行监督、规制和治理的程度。由于开放创新社区是开放式的平台，社区管理者不能像企业组织一样对成员的行为进行控制，因而用户可能会产生大量的"偏差行为"（灌水、较低的参与度、违反社区规定的行为等），其生成的内容与企业目标相偏离。因此，为了使用户能够真正有效地对企业创新活动形成支持，社区管理者必须采用相对封闭的行动策略，包括定义正式化的战略、流程和规则，限定社区活动的范围，对用户创新活动进行控制、统一和整合等，以使其与企业的目标对齐。通过对质性资料的分析发现，控制性氛围包括战略聚焦、资格限制、正式流程、层级结构和社区规制 5 个子范畴：战略聚焦是指设定创意活动的方向和边界，明确地将创意活动与企业创新战略结合起来；正式流程指社区采用结构化的方法征集、评估和选择创意；资格限制指社区设立了准入资格门槛；层级结构是指社区具有等级、权威或权限等层级式管理架构；社区规制是指社区设立了明确的用户行为规范。

二、开放创新社区氛围的前因：企业、社区与用户的共同作用

通过对质性资料的分析，发现开放创新社区氛围是企业、社区和用户三方共同作用的结果。具体地，企业对社区的目标定位、社区运营策略和用户组成特征对社区氛围具有较大影响。企业对社区的目标定位可以分为技术导向和市场导向，技术导向社区的主要目标是从用户中获取创新技术和问题解决方案，例如海尔公司在HOPE平台上发布了大量技术需求信息，寻找企业的技术合作伙伴，这使得社区中的内容大多是与技术和创新相关的讨论，从而形成了较强的创新氛围；市场导向社区的主要目标是建立与消费者的长期关系，提升用户忠诚度。例如小米公司对社区的定位是“小米发烧友的大本营，在这里交流玩机心得和最新动态，参与活动互动，为米粉打造一个良好的互动交流平台（B1-5-30）”，社区鼓励用户积极发表各种主题的帖子，因而形成了较好的互动氛围。

社区运营措施可分为功能搭建和内容运营两类。功能搭建是指社区基本技术环境，例如社区的IT架构、功能设计、用户界面、系统流畅度和可靠性等。功能搭建能够影响用户对社区氛围的感知，一个典型的例子是小米社区的任务系统，鼓励用户通过签到、发表评论等方式完成任务以获取积分奖励，有效地活跃了社区的互动气氛。正如一位受访者所说的“做签到任务可以赚积分，很多人每天都要来社区签到……所以社区里人气很高（B-11-37）”。内容运营是指社区对用户生成内容的管理，例如推广优质内容、主动发起话题、整理和更新知识库等手段，可以让用户的交流更加活跃。一位社区管理者在受访中谈到：“社区里有几个意见领袖，他们对其他用户有很大影响……我们要做的就是把意见领袖的帖子置顶、推广，激发其他用户的讨论和交流……取得了很好的效果。（B-3-50）”

在用户层面，用户的一般特征，例如创新精神、社区承诺度和参与动

机等对社区氛围有较大影响。当用户具有较强的创新精神时，他们会在社区大量地寻求新颖的产品，不断地试错并寻找问题解决方案，积极地接纳和扩散创新，因而会增强社区的创新氛围；当社区用户的承诺度较高时，他们会长时间地参与社区活动，热衷于与其他社区成员交流，通过对话建立较强的社会联结，因而有利于社区的互动氛围。此外，不同用户参与社区的动机也有所差异，当用户是“功利型”参与动机时，他们参与社区的主要目的是完成创新任务，因而有利于社区的创新氛围；而当用户是“享乐型”参与动机时，他们参与社区的主要目的是通过社区中的娱乐性元素获得情感上的愉悦和满足（Candi et al.，2015），这种类型的用户有利于增强社区的互动氛围。

三、开放创新社区氛围的影响结果：用户就绪与用户创意质量

研究发现，社区氛围通过 3 种路径提升了用户创意质量：首先，良好的社区氛围增强了用户的创新知识。当社区鼓励创新并具有较好的资源交换和知识共享环境时，用户可以便捷地获取创新所必需的技能和知识，从而提升自身创新能力。例如一位受访者所说的：“每天都有很多最新的资讯，社区的更新速度很快，资源库也很强大……社区是我的一个主要消息来源，我从中学到了挺多的。”（开放性氛围→用户知识）其次，社区氛围有利于增强用户的贡献动机。当社区中的成员形成大量的互利互惠关系时，社区同侪的行为会对用户动机产生影响。例如一位受访者谈到的：“社区里大家都非常活跃……基本都是毫无保留地贡献自己的想法，所以我也挺乐意把自己的想法展示出来。”（开放性氛围→贡献动机）最后，良好的社区氛围有助于用户了解社区对他们的期望，使用户明白什么行为是社区倡导和鼓励的，从而在社区和创新活动中扮演角色。一个典型例证是用户 15 在访谈中提到的：“对于怎么参与创新竞赛、哪些内容是可以讨论的，社区有很明确的说明……所以我对于整个流程已经很熟悉了。”（控制性氛围→用户角色认知）

用户动机强调“想做什么的程度”，用户知识强调“能做什么的程度”，而用户角色认知强调“知道怎么做的程度”。用户的知识、动机和角色认知体现了其对贡献创意的准备状态，因而本研究将其概括为“用户就绪”。

“就绪”（Preparedness）的概念源于消费者行为研究，起初用于描述消费者对接受某项新服务的准备状态（Meuter，2005），后被广泛用于解释某种个体行为发生的可能性。因此，本书将“就绪”的概念应用于用户创新领域，将其视为创新知识、贡献动机和角色认知的综合。

研究发现，用户就绪很好地解释了用户高质量创意的产生。首先，从知识的角度来看，当用户具有较多的创新知识和技能时，其产生的创意能够建立在最新技术和现有工程能力的基础之上，因而会有较好的新颖性和可行性；其次，从动机的角度看，当用户有较强的参与动机时，例如乐趣、成就感、声望和个体成长需要等，其参与创意活动的内在驱动力就越高，而内在驱动力是个体创造力的一个重要条件。最后，从角色认知的角度看，当用户清晰地知晓自身在社区中的角色时，其对创意活动的流程和规则越为了解，在贡献创意过程中遇到的困难和障碍越少，因而能够提交高质量的创意方案。正如一位用户在访谈资料中提到的：“我很清楚方案评估的标准，基本是描述得越详细就越好……所以一般我的方案得分都挺高的。”（用户角色认知→用户创意质量）

四、不同情景的差异性：创新任务类型的调节作用

在对开放创新社区的研究中，发现社区中的创新任务可分为两类：基于核心系统的创新任务和周边系统创新任务。产品是层次有序的子系统的有序联结，核心系统与产品的核心功能直接相关，并且与产品其他模块存在紧密耦合；而周边系统则与产品的核心功能没有直接关联，并且与产品其他模块的联结较弱（Gatigon et al.，2002）。因此，核心系统创新任务的主要目的是改进产品的主要性能，例如 MIUI 社区关注的创新领域——手机操作系统创新；而周边创新任务的主要目的是改进产品的附加功能或外观等，例如盖乐世社区中的手机壁纸设计竞赛等。

不同子系统的创新任务意味着创新情景的变化。研究发现，在不同的创新情景中，社区氛围对用户创意质量的影响不同。例如，在核心创新系统任务中，创新氛围对用户创意质量有较大影响。在对 MIUI 社区用户的访谈中，许多用户提到 MIUI 社区浓厚的互动氛围对其创意提供了很大的帮助，例如“经常的交流是非常必要的，社区里的讨论气氛很好……有些讨

论给了我很大启发（B-9-18）”。而在周边系统创新任务中，则并未发现互动氛围与用户创意质量之间的关联。例如，在对盖乐世社区用户的访谈中，一位用户表示：“其实设计个图案不难，也不用怎么参考其他人的方案……最后的方案基本都是自己设计的。（B-17-19）”由此可推断，创新任务类型影响了社区氛围与用户创意质量之间的关系强度或关系方向，因而发挥了调节变量的作用。

第四章

开放创新社区氛围量表开发

在管理学的实证研究范式下，理论是由概念和变量构成的系统，在这个系统中，概念之间通过命题联系在一起，而变量之间则通过假设联系在一起（Bacharach，1989）。换言之，管理学的理论和假设在于讨论变量或概念间的关系。但绝大多数管理学概念往往不能被直接观察到，它们暗藏于现象之中。因此需要一组可观测的指标来进行测量。通过对变量的测量，就可以对变量之间的关系进行直观的、量化的推断。能否准确地测量相关的变量在很大程度上决定着研究结论的可靠程度。

根据本研究的整体模型设计和研究思路，开放创新社区氛围的构成维度及测量是本书的核心内容之一。为对第三章中发现的社区氛围对用户创意质量的影响路径进行实证检验，必须首先对开放创新社区氛围的构念进行维度识别和测量，找到合适的测量指标，才能形成对开放创新社区氛围的科学的描述、区分、解释和预测。在非实验的管理研究中，对概念的测量主要是采用量表。量表开发不仅是实证研究过程中的重要步骤，也是保证研究科学性和准确性的重要环节。因此，本章将开发和检验开放创新社区氛围的测量量表，从而使抽象的概念具体化和具有可操作性。

本研究采用以下步骤开发社区氛围的量表。第一，提出开放创新社区氛围的明确定义，指明待开发量表的内容域。第二，通过演绎法和归纳法发展测量题项。第三，测量题项开发出来后，对其进行内容效度检验，即预测试过程，在这个过程中删减一些不满足概念一致性条件的测量项目，形成初始量表。第四，将初始量表编制成问卷，向社区用户发放，通过探索性分析对题项进行精简，并进行信度分析。第五，对修正后的问卷进行大规模的发放，重新抽取一个样本对修正后的量表进行验证，即进行验证性因子分析，评估量表的效度，从而形成正式的量表。具体步骤如图 4.1 所示。

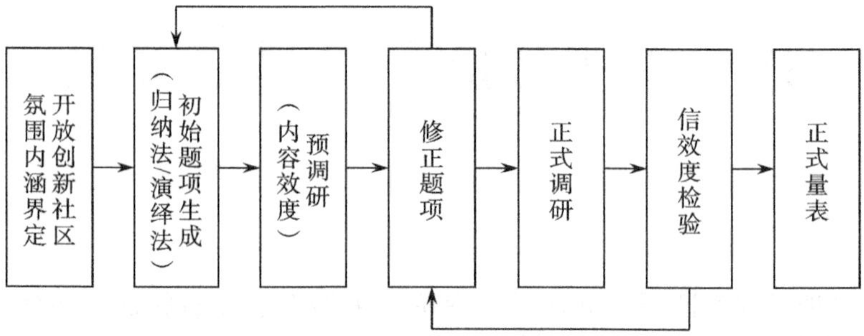

图 4.1　开放创新社区氛围量表开发流程

第一节　初始测量题项生成

一、构念的定义、分析层次和构成维度

发展量表的首要任务是准确定义所要测量的目标构念，清楚地说明构念的理论边界，阐明研究现象的核心特征。对构念的定义应该着重说明以下 5 个方面的特征：①清晰地定义构念的性质，详细界定该构念对应的现象；②明确解释目标构念与其他相近构念的差异，明确哪些内容应该包括在该构念中，哪些内容应该排除在构念之外；③清楚地确认理论构念的层次，即研究对象所处的层次和希望做出研究结论的层次；④确认其包含的内部成分，构念的内部成分会影响如何发展测量题项、题项的多少以及题

项的抽象程度；④在明确构念内部结构的基础上，说明与目标构念密切相关的前因变量和结果变量（陈晓萍 等，2012）。

根据第三章中的质性研究结果，本研究将社区氛围定义为成员对社区中所重复出现的态度、实践和行为模式的共同感知。社区特征是社区氛围产生的原因，而成员对社区环境的知觉体验是对这些原因的反映和解释。社区氛围具有相对稳定的特点，它使成员理解什么是社区所支持和鼓励的，因而能够潜在地影响成员的动机和行为。社区文化和社区氛围是描述社区环境的两个相似概念，但社区氛围与社区文化的不同之处在于，社区文化是更深层、更持久的价值、规范和信仰，而社区氛围在社区中可以更直接地被观察到。

在分析层次方面，本研究所指的社区氛围是在集体层次。将社区氛围视为社区环境和成员交互作用的结果，个体成员可以产生对环境的知觉以形成某种心理氛围（个体层次），但只有当这种直觉被共享时才会形成某种社区氛围。依据科佐尔夫斯基等（Kozolwski et al.，2000）提出的涌现理论（Emergence Theory），社区氛围是成员（个体层次）间的认知、情感和行为交互作用形成高层面的结构（集体层面）。当同一个社区中的成员对社区具有相似的感知时，个体的认知、情感和行为等作为涌现的基本材料，通过交流得以放大成为集体层面的氛围。因此，本研究忽略个体层次的心理氛围，而聚焦于集体层面的氛围。在具体测量时，将个体层次的数据进行聚合（Aggregate），以便代表社区氛围这一集体层次上的特征。

在社区氛围的内部成分方面，基于第三章的质性研究成果，将开放创新社区氛围定义为包含开放性氛围和控制性氛围的多维构念，并基于这两个主类属所包含的13个子类属发展恰当的测量题项。

二、归纳和演绎题项

在对构念的理论基础有了全面的理解之后，就可以开始创建初始的测量题项集，该测量题项集应当尽可能地覆盖内容域。归纳法和演绎法是发展测量题项的两种常用方法。基于演绎法的量表开发是指通过整合已有文献，发展或改变现有的量表题目，是一种“自上而下”的模式；而基于归纳法的量表开发需要通过定性方法去了解构念的内容与结构，是一种“自下而上”的量表开发模式。在 AMJ 近年来开发的新量表中，研究者在发展量表题目时大多同时结合使用了两种方法，即一方面通过访谈等方法搜集与研究问题相关的底层资料，一方面基于以往的文献发展测量题项。这种方式既保证了量表的内容效度，又使量表在应用时更贴近研究情景。因此，本研究利用归纳法和演绎法相结合的方式开发开放创新社区氛围的初始测量题项。

在第三章对社区成员的访谈过程中，笔者广泛地向社区成员收集描述社区氛围的原始语句，并通过扎根理论的方法对原始素材进行编码和分析。根据开放编码的结果，提取了与社区氛围相关的 13 个类属，即理念倡导、激励认可、学习成长、包容文化、同侪交互、社区活动、资源共享、协作创造、战略聚焦、正式流程、资格限制、层级结构和社区规制。根据这 13 个因子，并结合受访者的原始语句，形成了 93 个原始题项。

由于已经确定了理论边界，笔者进一步地根据已有文献中的量表发展测量题目。关于开放性氛围的 8 个类属，参考阿马比尔（1996）开发的创造力氛围评估量表（KEYS）、埃克瓦尔（Ekvall，1996）开发的创造力氛围量表（Creativity Climate Questionnaire）形成了 31 个题项；借鉴纳比桑（2009）开发的顾客互动量表和杨瑞等（2017）开发的虚拟社群顾客互动量表，形成了 35 个题项；关于控制性氛围的 5 个类属，借鉴巴尔卡（Balka，2013）对社区限制的测量和陈洋等（2018）对社区控制氛围的测量，形成了 29 个题项。在翻译外文量表的过程中，修改了其中不适合的部分，使之能在中文语境下得到准确的体现。

最后，将用归纳法和演绎法两种方式发展的题项进行对比，消除内容重复的题目，反复提炼和归类，初步确定了开放创新社区氛围的 14 个维度、87 个题项。

三、内容效度检验

在初步确定题项集后，需要对这些题项进行评估，删除不能反映构念实质的、容易引起误解的、影响测量质量的题目。这一过程常用方法是内容效度检验。内容效度是指量表内容在多大程度上反映或代表研究者所要测量的构念。目前，检验内容效度主要是基于分类的定性评估方法。本书共进行了 3 轮内容效度评估，过程和结果见表 4.1。

表 4.1　量表内容效度评估程序

项目	第一轮	第二轮	第三轮
操作描述	要求评判者将所有题项进行分类并给每个类别命名	对给出的因子定义，要求评判者将题项归类到适当的因子中	同第一轮
评判人数量	3	4	4
Kappa 系数	0.77	0.84	0.89
正确匹配比/%	71.30	90.10	87.50
主要问题	评判者将“资源共享”和“协作创造”的许多题项归为了一类	评判者对“定义边界”“正式流程”和“社区规制”3 个因子的题项归类有所混淆	有两个评判者将“社区准入”的一个题项归类错误
量表修改	将资源共享和协作创造合并为“集体合作”	删除了几个表述含混的测量题项	修正了 2 个题项

在第一轮评估中，邀请了 2 名研究生和 1 名社区用户作为评判者，要求评判者对 75 个题项进行分类，并分别为每个类别命名。结果发现，Kappa 系数为 0.77，正确匹配比为 71.30%。考虑到这是首轮评估，正确匹配比可以接受。主要问题在于，评判者将“资源共享”和“协作创造”的许多题项归为了一类。因此，将这两个因子合并为“集体合作”。此外，阐述了几个没有被匹配到任何因子中的题项。在第二轮评估中，邀请了 2 名研究生、1 名老师和 1 名社区用户作为评判者，采用了反向归类法，即事先告知评判者各个因子及其含义，然后请评判者将各个题项放到合适的因子中。结果发现，Kappa 系数为 0.84，正确匹配比为 90.10%，效度比第一轮有所提高。主要问题在于，评判者对“定义边界”“正式流程”和“社区规制”3 个因子的题项归类有所混淆。因此，修正和删除了几个表述含混的测量题项。在第三轮评估中，邀请了 1 名研究生、1 名老师和两名社区用户作为评

判者，采用和第一轮同样的方法，评估结果发现，Kappa 系数为 0.89，正确匹配比为 87.50%，可以认为内容效度良好。根据评估结果，对 2 个题项进行了修正，最终确定了 12 个因子，61 个题项的原始量表。

第二节　预调研与量表提纯

一、小规模调研

在内容效度检验后，笔者进一步展开小规模预调研，应用定量的方法来进一步对测量项目进行精简，删除那些概念不一致的测量项目。小规模预调研的目的在于进一步提纯和修订初始题项，获得用于正式调研的开放创新社区氛围量表。

预调研问卷的发放和收集依托国家自然科学基金“基于社交网络同侪影响的产品线规划与协调研究”的前期准备工作。在实施时，笔者通过问卷星设计好“开放创新社区氛围”的调查问卷，随后产生一个问卷的网络链接，将网络链接和相关问卷说明发布在 4 个开放创新社区中，邀请用户填写。预测试采用李克特 5 分量表的形式。最终共收到问卷 137 份。排除掉无效问卷和发帖过少的用户填写的问卷，剩余有效问卷 104 份，有效率 75.91%。其中，男性 64 人（占 61.54%），女性 40 人（占 38.46%）；高中学历 12 人（占 11.54%），大学学历 78 人（占 75.00%），研究生学历 14 人（占 13.46%）；被调查者分别来自小米社区、华为花粉俱乐部、威锋论坛、ZOL 在线，人数分别为 55 人（占 52.88%）、32 人（占 30.77%）、10 人（9.62%）和 7 人（6.73%）；注册时间 1～6 个月的 29 人（占 27.88%），6～12 个月的 36 人（占 34.62%），1～2 年的 21 人（占 20.19%），2 年以上的 18 人（占 17.31%）。

二、量表提纯

首先对各个测量题项的信度进行检验。①题项与其他题项的低相关度表示该测量项目不是来自构念所在的内容域，会带来误差，并使信度降低。如果其中一个测量题项与其他测量项目的相关系数（CITC 系数）的绝对值都小于 0.40，那么该题项应予以删除。②利用 Cronbach's α 系数判断量表的信度。若 Cronbach's α 系数大于 0.70，表示量表信度尚可，可以对题项进行一定的调整；若 Cronbach's α 系数小于 0.35，则表示量表极为不可靠，需要重新设计问卷。

本研究使用 SPSS 20.0 软件对预调研数据进行整理和分析，对量表的题项进行检验和提纯。数据分析结果显示，开放性氛围和控制性氛围的初始 Cronbach's α 系数分别为 0.75 和 0.72，表示量表的信度可以接受。进一步考察各个题项的 CITC 值，发现开放性氛围中的“社区中讨论的主题是多种多样的”“社区具有完善的知识库和知识搜索功能”“社区中的用户经常交流经验和心得”“当遇到问题时，社区中的其他人会给予帮助和反馈”“在社区中，用户的问题会得到企业官方的反馈”，以及控制性氛围中的“社区中的内容必须与企业的产品相关”“社区限定了用户发帖的主题”“社区制定了详尽的用户行为规范”“社区设立了等级制度，一些资源只有高级用户才能获取”“社区有准入制度、只有特定资格的人才能加入社区”10 个题项的 CITC 值小于 0.30，说明这些题项可能不属于测量构念代表的内容域，因此予以删除。在删除了这 10 个题项后，开放性氛围和控制性氛围的 Cronbach's α 系数分别上升到 0.76 和 0.78。

进一步地，对剩余题项进行主成分分析。按照以下标准对题项进行筛选：①题项提取的公因子方差小于 0.50；②题项的因子载荷小于 0.50；③题项在两个因子上的载荷都超过了 0.40。按照特征值大于 1 的原则抽取因子，采用方差极大正交旋转方法，经过多次的迭代分析，按照上述标准删除了“社区允许发表各种不同的观点和意见”“社区会给予创新用户积分或奖品等物质奖励”“社区将创新作为重要的核心价值观”“社区的核心理念体现了创新的思想”“与创新相关的内容在社区中会受到重视”“社区中的一些创新任务是由许多用户共同完成的”“对于用户可以做什么和不可以做什么，社区有明确的说明”7 个题项。将剩余的题项展示给若干受访人，基于受访者的反馈修正了 4 个题项的表述，提高了题项表达的清晰性和准确性。这样，得到了具有较好信效度的社区氛围初始量表，包括 43 个题项，见表 4.2。

表 4.2 开放创新社区氛围量表初始题项

	题项	题项来源
与开放性氛围相关的题项	V1 创新是社区愿景的一部分 V2 社区旨在促进用户进行创新 V3 社区的口号中包含了创新的含义 V4 社区不断向用户宣传创新的意义和重要性 V5 社区会给创新用户给予荣誉等精神奖励 V6 在社区中，具有创新精神的用户会受到尊重 V7 社区会认可和赏识有创新精神的用户 V8 社区会表彰创新先进用户 V9 即使某个建议不成熟，在社区中也不会受到嘲笑或指责 V10 当有不同的创新方案时，社区会进行公开的讨论 V11 哪怕是关于产品的负面意见，也能在社区中进行讨论 V12 社区中有较多与创新相关的信息和知识 V13 社区会给用户提供一些创新资源 V14 社区提供了一些用于创新的工具 V15 社区会给用户提供创新相关的指导和支持 V16 在社区中可以获得最新的资讯 V17 社区中用户的交流很活跃 V18 通常情况下，在社区中发帖会得到积极的回复 V19 社区中用户之间的联系很密切 V20 社区中的用户总是乐于沟通 V21 社区经常举办竞赛、培训等线上活动 V22 社区会举办一些线下的聚会 V23 许多用户乐衷于参与社区举办的活动 V24 一般情况下，社区活动能得到用户的积极响应 V25 社区中的用户会经常一起合作，共同解决产品问题 V26 社区中的一些小组经常共同参与任务 V27 企业官方会在社区中与用户进行互动 V28 有时候，企业的高管会在社区中与用户互动 V29 企业官方的内部员工经常参与到社区中来	V3、V9、V10、V11、V14、V16 根据访谈结果归纳得到；其余题项参考阿马比尔（1996）开发的 KEYS 量表、埃克瓦尔等（1996）开发的创造力氛围量表得到；V18、V21、V22、V23、V25、V26、V27、V28、V29 根据访谈结果归纳得到；其余题项参考纳比桑和巴伦（2009）开发的顾客互动量表和杨瑞（2017）等开发的虚拟社群顾客互动量表得到；

续表

	题项	题项来源
与控制性氛围相关的题项	V30 社区的主题是相当明确的 V31 社区的主旨是根据企业的战略而制定的 V32 社区的主旨与企业的发展方向相一致 V33 社区为创意竞赛制定了明确的程序 V34 创意竞赛的规则对每个参与者都是公开透明的 V35 社区创意竞赛有一套明确的评选标准 V36 对参与创意竞赛的用户来说，权利和责任都是很明确的 V37 创意竞赛的参与方式和流程都是很明确的 V38 社区管理者会经常性地监督用户的行为 V39 对违反社区规定的行为，社区会进行严肃处理 V40 管理者在维护社区秩序方面投入了大量精力 V41 社区设立了等级制度，高等级用户有更多的权限 V42 加入社区的条件是比较严格的 V43 社区设立了实名认证制度	V30、V39、V40 根据访谈结果归纳得到；其余题项借鉴巴尔卡等（2014）对社区限制的测量、张春娟等（2016）开发的社区治理量表和陈洋等（2018）对社区控制氛围的测量得到

第三节　探索性因子分析

一、问卷收集

探索性因子分析是从一组具有共同特性的测量项目中提取出背后潜在构念的统计分析技术。将形成的初始量表以问卷调查的方式进行数据收集，问卷通过两种方式进行发放：一种通过开放创新社区进行发放，邀请社区用户进行回答；另一种则通过电子邮件发放给课题组前期调研过的部分 SNS 用户。受访者均通过网络链接登录问卷填写页面，在确认过其是开放创新社区的用户后，即可进行问卷填写，完成问卷后会得到一份小奖品作为奖励。通过两种方式共收集问卷 639 份，删除无效问卷 168 份，最后得到有效问卷 471 份，有效率 73.71%。问卷的基本统计信息见表 4.3。

表 4.3　调查问卷的基本信息

	类别	人数/人	占比/%
性别	男	298	63.27
	女	173	36.73
学历	高中	74	15.71
	本科	277	58.81
	研究生	120	25.48
来源	社区发放	317	67.30
	邮件发放	154	32.70
注册时间	1~6 个月	105	22.29
	6~12 个月	196	41.61
	1~2 年	87	18.47
	2 年以上	83	17.62

出于研究方便的原因，本研究将 471 份问卷按照奇偶数编号分为两类，编号为奇数的问卷用于进行探索性因子分析，挖掘题项中隐含的内在结构；编号为偶数的问卷用于进行验证性因子分析，对量表的建构效度进行验证。一般来说，150 个观测样本足以进行探索性因子分析，而拉梅尔（Rummel，1988）则建议样本数量与测量项目数量的比例应该在 4∶1 左右。本研究的初始量表共有 43 个题项，而样本数量有 236 份，因此能够满足数量要求。

二、一阶探索性因子分析

对问卷进行 KMO 和 Bartlett 球形检验，结果显示开放创新社区氛围量表的 KMO 值为 0.79，Bartlett 球形检验在 0.001 水平上显著，因此适合进行因子分析。在进行探索性因子分析时，采用主成分分析法和最大方差旋转法进行分析，按照特征值大于 1 的准则，共获得了 10 个因子，累计方差达到 66.15%。分析过程中，发现 7 个题项的跨因子载荷超过 0.40，因此予以删除。剩余 36 个题项较好地分布在 10 个因子中。

因子 F1 包含 4 个题项，主要表达社区所主张和倡导的核心理念、愿景和价值观，因此命名为“理念倡导”；因子 F2 包含 4 个题项，主要表达社区为用户提供的创新知识、资源、工具和其他支持，因此命名为“资源支持”；因子 F3 包含 5 个题项，主要表达社区用户之间相互交流、互动、分享以及共同行动的积极程度，因此命名为“同侪互动”；因子 F4 包含 3 个题项，主要表达社区对创新用户的激励、反馈和认可，因此命名为“激励认可”；因子 F5 包含 3 个题项，主要表达社区内举行活动的频繁程度，以及用户对社区活动的响应程度，因此命名为“社区活动”；因子 F6 包含 3 个题项，主要表达社区对自身战略、发展方向的界定清晰程度，因此命名为“定义边界”；因子 F7 包含 3 个题项，主要表达社区对用户行为的监督、限定和管理，因此命名为“社区规制”；因子 F8 包含 3 个题项，主要表达社区对加入社区或参与创意竞赛的条件限制（资格、等级等），因此命名为“资格限制”；因子 F9 包含 3 个题项，主要表达企业官方是否会经常参与社区中来，与用户进行互动，因此命名为“官方参与”；因子 F10 包含 5 个题项，主要表达社区是否设立了正式的创意活动流程，包括创意的提交、筛选和评估等，因此命名为“正式流程”。各个因子包含的题项、所贡献的方差以及各题项的因子载荷分析结果见表 4.4。

表 4.4　一阶探索性因子分析结果

题项	因子					题项	因子				
	F1	F2	F3	F4	F5		F6	F7	F8	F9	F10
V4	0.71					V32	0.75				
V2	0.68					V30	0.70				
V1	0.67					V31	0.69				
V3	0.76					V39		0.71			
V12		0.79				V40		0.67			
V15		0.74				V38		0.73			
V13		0.69				V41			0.73		
V14		0.69				V42			0.71		
V18			0.83			V43			0.69		
V19			0.79			V29				0.77	
V17			0.77			V28				0.72	

续表

题项	因子					题项	因子				
	F1	F2	F3	F4	F5		F6	F7	F8	F9	F10
V26			0.72			V27				0.68	
V20			0.68			V38					0.78
V6				0.80		V36					0.75
V7				0.75		V34					0.69
V5				0.73		V35					0.67
V24					0.80	V37					0.63
V22					0.76						
V23					0.73						
因子命名	理念倡导	资源支持	同侪互动	激励认可	社区活动		定义边界	社区规制	资格限制	官方参与	正式流程
特征值	7.76	2.75	2.31	2.04	1.98		1.58	1.57	1.33	1.23	1.06
方差贡献	18.05	7.40	6.37	5.74	5.61		5.08	4.67	4.65	4.34	4.26
累计贡献	18.05	25.44	31.81	37.55	43.16		48.24	52.91	57.56	61.89	66.15

三、二阶探索性因子分析

在一阶探索性因子分析过程中，发现10个因子的Bartlett球形检验结果在0.01水平上显著，表明一阶因子间还可能存在更高阶的共享因子。因此，进一步使用主成分分析法和方差最大正交旋转，得到二阶因子的载荷、特征值和贡献方差，见表4.5。根据Kaiser准则，提取了特征值大于2的二阶因子3个，共解释方差63.14%。其中，二阶因子S1包含“理念倡导”“资源支持”和“激励认可”3个一阶因子，主要表达社区对创新的提倡、鼓励和支持，因此命名为“创新氛围”；二阶因子S2包含“同侪互动”“社区活动”和“官方参与”3个一阶因子，主要表达社区内用户与用户之间、用户与企业之间的互动活跃程度，因子命名为“互动氛围”；二阶因子S3

包含“定义边界”“社区规制”“资格限制”和“正式流程”4个一阶因子，主要表达社区对社区内容、用户行为以及创意竞赛的定义、限制和管理，因此命名为控制氛围。

表 4.5　二阶探索性因子分析结果

一阶因子	共同度	因子载荷		
		S1	S2	S3
F2 资源支持	0.77	0.79		
F1 理念倡导	0.75	0.77		
F4 激励认可	0.72	0.74		
F5 社区活动	0.70		0.77	
F3 同侪互动	0.68		0.74	
F9 官方参与	0.64		0.71	
F7 社区规制	0.62			0.74
F6 定义边界	0.59			0.71
F8 资格限制	0.59			0.69
F10 正式流程	0.55			0.66
因子命名		创新氛围	互动氛围	控制氛围
特征值		2.84	1.89	1.11
因子方差贡献/%		30.73	20.44	11.97
累计方差贡献/%		30.73	51.17	63.14

第四节　验证性因子分析

一、一阶验证性因子分析

在量表开发的上个阶段，对因子结构的分析本质上是探索性的，缺点是不能对最终的因子结构的总体拟合优度进行量化。现需要利用一个新的样本对精简后的量表进行验证，即进行验证性因子分析，同时对量表的构建效度进行检验。在运用结构方程模型进行验证性因子分析时，一般遵循以下步骤：①提出几种备选的因子结构模型；②运用实际数据计算各个假设模型的拟合度；③比较各个备选模型拟合度的差异；④选择最优的模型，并计算其信度和效度。

本研究利用另一半数据样本，通过 Amos 20.0 和 SPSS 20.0 软件对开放创新社区氛围的构成维度进行验证性因子分析。在一阶验证性因子分析中，本研究提出了 3 个备选模型，与上文探索性因子分析得到的结果进行比较。M1：一阶单因子模型，假设 36 个题项拥有共同的潜变量——社区氛围；M2：一阶三因子模型，因子一包括创新氛围的 11 个题项，因子二包括互动氛围的 11 个题项，因子三包括控制氛围的 14 个题项；M3：一阶十因子模型，根据探索性因子分析的结果，假设社区氛围具有理念倡导、资源支持、同侪互动、激励认可、社区活动、定义边界、社区规制、资格限制、正式流程 10 个因子。

针对以上的各个模型，以一阶因子为潜变量，以每个因子对应的题项为观察变量，进行一阶验证性因子分析。3 个备选模型的整体拟合优度见表 4.6。从各项拟合指标来看，单因子和三因子的模型均达不到可接受的模型拟合标准。其中单因子和三因子的 χ^2/df 分别达到了 7.58 和 10.05，超过了 2~5 的可接受范围，RMSEA 指标分别为 0.14 和 0.12，代表拟合程度一般。其余的相对拟合指标 GFI、CFI 和 NFI 均在 0.90 以下，同样表明拟合程度一般。而一阶十因子模型的 χ^2/df 在 2~5 之间，RMSEA = 0.05，小于 0.08，GFI、CFI 和 NFI 均大于 0.90，表明拟合程度较好，因此一阶模型中 M3 十因子模型为最优，开放创新社区氛围的一阶十因子模型得到验证。

表 4.6　一阶验证性因子分析结果

类型	χ^2	df	χ^2/df	RMSEA	GFI	CFI	NFI
一阶单因子	5063.44	668	7.58	0.14	0.74	0.70	0.75
一阶三因子	6683.25	665	10.05	0.12	0.81	0.88	0.89
一阶十因子	5933.11	642	3.04	0.05	0.93	0.94	0.91

二、二阶验证性因子分析

进一步验证开放创新社区氛围的二阶因子模型。在确定一阶十因子模型的前提下，设立了以下备选模型，M4：二阶单因子模型，即一阶十因子背后存在一个共同的潜变量；M5：二阶双因子模型，由于在二阶因子分析中，创新氛围和互动氛围的相关性相对较高，同属于开放性氛围，因此将其打包为一个共同的因子，剩余的题项为另外的一个因子；M6：二阶三因子模型，即创新氛围、互动氛围和控制氛围所包含的题项分别打包为 3 个因子。

二阶备选模型的整体拟合情况见表 4.7。从结果来看，M6 二阶三因子模型是所有二阶模型中表现最好的，其 $\chi^2/df=2.88$，在 2~5 的可接受区间之内；RMSEA=0.04，表明拟合程度可以接受；GFI、CFI 和 NFI 均在 0.90 以上，代表理论模型和数据的拟合度非常好。而其余两个模型 M4 和 M5 均有若干拟合指标达不到要求。因此，接受二阶三因子模型得到了数据验证。并且，与一阶十因子模型 M3 相比，二阶三因子 M6 模型的 χ^2 得到了显著下降，GFI、NFI 和 GFI 指标略有上升，说明二阶三因子模型不但拟合更好并且更加简约。因此通过模型对比分析，认为开放创新社区氛围用二阶三因子模型表现是最为合适的。

表 4.7 二阶验证性因子分析结果

类型	χ^2	df	χ^2/df	RMSEA	GFI	CFI	NFI
二阶单因子	2831.67	657	4.31	0.06	0.83	0.90	0.88
二阶两因子	3222.60	655	4.92	0.06	0.85	0.89	0.91
二阶三因子	1883.52	654	2.88	0.04	0.91	0.94	0.94

三、信度与效度检验

信度是指对同一对象进行重复测量时，所得结果的一致程度。信度是对量表一致性或稳定性的衡量，同时也是构建效度的必要条件。对量表信度的评价分为两个层次，即量表整体信度的各个潜变量的信度。最常用的量表整体信度的评估指标是 Cronbach'α。Cronbach'α 值越大说明测量项目的相关度越强，也说明这些测量项目确实反映了所要测量的内容域。一般地，Cronbach'α 值应达到 0. 70。对潜变量信度的检验，同时采用 Cronbach'α 和组合信度 CR 两个指标，其中组合信度 CR 是指观察变量与相应潜变量之间的内部一致性，一般应大于 0. 60。经过数据分析，开放创新社区氛围量表的整体 Cronbach'α 值为 0. 79，具有较好的内部一致性。进一步检验各一阶和二阶潜变量的信度指标，各潜变量的 Cronbach'α 值均大于 0. 67，组合信度 CR 值均大于 0. 62（见表 4. 8、表 4. 9），在可接受范围以内，表明量表的信度指标良好。

对效度的检验包括聚合效度和区分效度两个方面。在聚合效度上，由验证性因子分析结果可知，36 个题项在各自潜变量上的标准因子载荷均超过了 0. 50。并且，除了互动氛围的 AVE 值略微小于 0. 50 之外（0. 49），一阶因子和二阶因子潜变量的 AVE 值均大于 0. 50，表明具有良好的聚合效度；另外是区分效度，本研究根据福内尔和拉克尔（Fornell & Larcker, 1981）等提出的区分效度判别标准进行检验，即当每个潜变量 AVE 值的平方根大于该潜变量与其他潜变量的相关系数时，表明区分效度良好。由表 4. 8 和表 4. 9 可知，一阶和二阶因子模型中各个潜变量 AVE 值的平方根均大于该潜变量与其他潜变量的相关系数，表明具有良好的区分效度。综上，开放创新社区氛围的一阶因子模型和二阶因子模型均通过了效度检验。

表 4. 8　一阶潜变量的信度与效度检验

	F1	F2	F3	F4	F5	F6	F7	F8	F9	F10
F1	0. 71									
F2	0. 62	0. 73								
F3	0. 63	0. 46	0. 76							
F4	0. 53	0. 43	0. 60	0. 76						
F5	0. 77	0. 56	0. 54	0. 43	0. 77					
F6	0. 75	0. 56	0. 47	0. 33	0. 48	0. 72				
F7	0. 62	0. 46	0. 47	0. 31	0. 57	0. 48	0. 71			

续表

	F1	F2	F3	F4	F5	F6	F7	F8	F9	F10
F8	0.73	0.43	0.48	0.37	0.43	0.43	0.52	0.72		
F9	0.64	0.51	0.41	0.43	0.45	0.48	0.59	0.58	0.72	
F10	0.54	0.64	0.59	0.34	0.47	0.54	0.55	0.57	0.66	0.71
Cronbach'α	0.77	0.71	0.75	0.82	0.82	0.79	0.80	0.71	0.80	0.73
CR	0.76	0.70	0.74	0.82	0.82	0.79	0.81	0.72	0.80	0.73
AVE	0.50	0.53	0.58	0.58	0.59	0.52	0.51	0.52	0.52	0.51

注：对角线上数值为各个潜变量 AVE 值的平方根，对角线左下方为相关系数。

表 4.9　二阶潜变量的信度与效度检验

	S1	S2	S3
S1	0.77		
S2	0.68	0.74	
S3	0.62	0.61	0.70
Cronbach'α	0.74	0.76	0.75
CR	0.74	0.77	0.75
AVE	0.59	0.54	0.49

注：对角线上数值为各个潜变量 AVE 值的平方根，对角线左下方为相关系数。

经过演绎和归纳题项、内容效度检验、探索性因子分析和验证性因子分析，本研究得到了具有较好信度和效度的开放创新社区氛围量表。开放创新社区氛围的二阶三因子模型拟合优度良好，可以认为其代表了调研数据的一个可行解释。

综上，本研究认为开放创新社区氛围是由创新氛围、互动氛围和控制氛围 3 个因子所构成的二阶构念。创新氛围和互动氛围为社区开放和鼓励性措施的体现，都属于“开放性氛围”，而控制氛围则是社区规制和封闭性措施的体现，这与之前基于扎根理论的探索性研究结果基本一致。进一步地，研究发现开放创新社区氛围的 3 个构成部分——创新氛围、互动氛围和控制氛围，分别体现了“企业主导的开放创新社区”的目的、形式和过程：创新氛围是指社区支持创新和创造力的程度，它体现了开放创新社区中活动的“目的”，即促进用户更多地创新，产生更多的新产品创意；互动氛围是指社区中用户与用户、用户与平台之间的互动活跃程度，它反映了社区活动开展的“形式”，即创新主要是通过用户之间的相互交流、沟通和反馈产生的；控制氛围是社区对用户的身份、活动、内容进行监督、规制和治理的程度，为了确保用户的行为与企业预期的方向相一致，社区管理者必须采用相对封闭的行动策略，采取确定社区目标、明确流程和制定行为规范等方式，对用户活动进行控制、统一和整合，以使用户聚焦到创新活动中来，它反映了社区活动所开展的具体情境。综上，可以认为本研究开发的包括 10 个一阶因子、3 个二阶因子的“开放创新社区氛围量表”较好地解释了用户对社区中重复出现的态度、实践和行为模式的共同感知（社区氛围）。根据该量表，可以对抽象的社区氛围概念进行操作化测量，为进一步验证社区氛围与用户创意质量的关系奠定了基础。

第五章

开放创新社区氛围与用户创意质量关系的实证研究

第一节 研究问题描述

社区氛围研究的目的之一在于解释不同开发创新社区中用户创意质量的差异。基于之前的量表开发过程，本研究对该构念进行了内涵界定和结构维度分析，开发了社区氛围的操作化测量方法。然而，社区氛围的概念对企业而言是否具有理论和实践价值，还需进一步检验其与用户创意质量的关系及作用机制。因此，本章在探索性研究所构建的理论框架的基础上，采用实证研究方法，对开放创新社区氛围对用户创意质量的影响机制进行深入研究。具体地，本章聚焦于以下 3 个子问题。

第一，开放创新社区氛围与用户创意质量的关系是怎样的?

创造力理论认为，社会环境可以影响创造力行为的水平和频率。在传统的组织氛围研究中，组织氛围对企业员工创造力的影响已经得到了大量的实证支持。而用户创意活动发生在具有自由度高、关系互动性强和集体创造性强特点的虚拟环境中，由此可以推论，开放创新社区氛围会对用户创意产生影响。然而 3 种不同的社区氛围（创新氛围、互动氛围和控制氛围）是否均对用户创意产生影响，其各自的效果如何，目前还并不清楚，也缺少基于大样本数据的实证检验。

第二，用户就绪是否在社区氛围与用户创意质量的关系之间起到了中介作用？

在前述的探索性研究中，发现社区氛围能够提升用户对贡献创意的准备状态，即用户就绪程度。当用户就绪度越高时，产生高质量创意的可能性就越大。该推论符合环境心理学的 S-O-R（刺激—有机体状态—反应）理论，即人的内在状态（意识、记忆和思维水平等）是联结外界环境和自身行为的中介环节。基于该理论，本研究推论用户就绪在社区氛围与用户创意质量的关系间起到了中介作用。因此，本研究将利用问卷数据对用户就绪在社区氛围和用户创意质量关系中的中介作用进行检验，以打开社区氛围影响用户创意质量中间机制的黑箱。

第三，3 种社区氛围之间是否存在交互作用，对用户就绪起到影响？

在 3 种社区氛围中，创新氛围、互动氛围和控制氛围所强调的重点是不同的。创新氛围、互动氛围属于开放性氛围，包括给予用户自主权、提供创新资源、鼓励同侪互动和企业积极参与等，这些措施均强调支持和鼓励；而控制氛围则包括社区规制、过程管理和参与限制等，这些措施强调封闭和管控。因此，这 3 种社区氛围是否在提升用户就绪度方面产生了交互作用，在给用户营造出开放性环境的同时，又能保证用户行为与企业战略目标和社区规范相一致，从而提升用户就绪度？

综上，本研究提出的理论框架如图 5.1 所示。

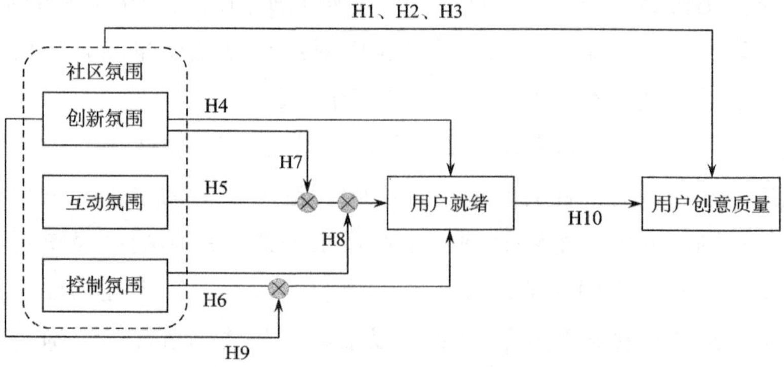

图 5.1　社区氛围与用户创意质量的关系模型

第二节 理论推导与研究假设

一、社区氛围对用户创意质量的影响

总体上看，社区氛围对用户创意质量存在两方面的直接影响：一方面，具有良好氛围的开放创新社区能够吸引更多的创造性用户加入该社区（吸引效应）；另一方面，良好的社区氛围能够将不符合该社区理念和要求的用户排除在外（筛选效应），从而使社区能够聚集较多的创造性用户，而这些创造性用户往往会贡献高质量的产品创意。具体地，创新氛围、互动氛围和控制氛围对用户创意质量的假设分别如下。

创新氛围包含理念倡导、激励认可和资源支持3个维度。首先，社区理念中明确包含创新要素的OIC对创造性用户（尤其是领先用户）更具有吸引力，因为开发新产品、搜寻新产品信息、传播创新等是创造性用户加入社区的主要目的，而当社区理念与用户个人目的相一致时，用户才会对社区产生认同感（杨洋 等，2017），从而加入并持续地参与到社区中。其次，社区的激励认可对吸引创造性用户参与社区具有积极作用。研究表明，感觉被重视和尊重是以成员身份积极参与社区活动的关键因素（Langer & Seidel，2014）。最后，社区的资源支持是吸引创造性用户的重要因素，因为用户往往缺乏创新所需的资源，而获取创新资源是其加入社区的主要原因。沙阿（Shah，2002）对开源软件社区的研究发现，80%的用户加入开源软件社区的原因是寻求创新活动所需的软件包。综上，创新气氛较好的社区能吸引更多的创造性用户，从而提升创意的质量。因此，本研究提出假设：

H1 OIC创新氛围对用户创意质量有显著的正向影响

互动氛围代表了OIC用户与用户、用户与社区之间进行互动的程度。一方面，互动氛围较强的社区更能够吸引创造性用户，因为创造性用户往往具有开放性的心态，渴望与他人进行沟通，并交换不同的观点。费斯特（Feist，1998）研究证实，外向性与个体创造力有显著正向关系，创造性个体会更多地与外界进行交互。因此，具有高度创造力的用户更倾向加入互动氛围良好的 OIC，从而提升社区中的创意质量。另一方面，在 OIC 中，当社区成员积极地交换思想和信息，或者进行头脑风暴时，产生创意的可能性就会增加。头脑风暴的相关研究认为，在创意产生的过程中，外界的想法可以起到刺激作用，作为搜索线索激活个体的灵感，促进创意生成（Nijstad，2002）。当社区互动氛围较好时，用户有更多的机会接触到多样化的想法，从而激活其创新思维。已有实证研究证实了社区互动对创意的影响，如研究发现社区用户与用户的交互对产生创意有正向影响（Wu et al.，2010）；刘倩等（2017）众包社区在线交互对创意质量正向相关。因此，本研究提出假设：

H2 OIC 互动氛围对用户创意质量有显著的正向影响

控制氛围代表了社区对用户进行管理、限制和约束的程度，包括定义边界、正式流程、资格限制和社区规制。首先，对创意活动边界的明确定义有助于使用户提交的创意更加符合企业需求，使用户努力的方向与企业的产品战略保持一致。社区可以通过界定创意活动的边界，按照一定的规范标准征集用户的创意来减少无关和离题的创意（Kock et al.，2014），从而提升创意质量。其次，正式化流程表明社区采用具体的程序来跟踪和监控用户的创意活动，保证了创意活动按照社区所预期的方式进行（Barzack et al.，2009）。因此，流程正式化能够使 OIC 用户将注意力聚焦在关键的创新问题上。再次，资格限制可以保证 OIC 将不符合社区要求的用户排除在社区之外，如使用水平测试、实名认证等方式，筛选出具有一定创造力水平的用户，从而提升 OIC 中的创意质量。最后，社区规制是社区对用户行为的监督和管理，有助于规范用户行为。加茨韦勒等（2017）研究发现众包社区中的偏差行为（反社会行为、恶意灌水、侵犯知识产权等）往往使用户感到混乱，不利于产生创新想法。而良好的社区规制可以抑制偏差行为的产生，构建积极的社区环境，从而提升用户创意质量。因此，本研究提出假设：

H3 OIC 控制氛围对用户创意质量有显著的正向影响

二、用户就绪的中介作用

创新氛围意味着社区向用户积极宣传创新理念、奖励和认可用户的创新活动以及给予用户资源支持。

首先，创新氛围可以促进用户进行创造性行为的动机。向用户传达创新是社区价值观的一部分，会让用户感受到创新的重要性，当个体认为创新很重要时，他们会更有动力去进行创造活动。社区对创新的奖励和认可（如经济补偿或对成就的肯定）也会对用户产生激励作用。社会交换理论（Social Exchange Theory）认为，人类一切社会活动都可归结为以获得奖励和报酬为目的的交换活动，社会关系本质上也是一种交换关系，交换过程就是一个相互让渡价值、交换价值的过程。因此，经济动机是用户参与社区创造活动的直接动机。许多研究表明外部激励对个体参与动机具有促进作用，例如夏恩君等（2017）研究发现经济动机对用户参与网络众包竞赛有正向影响。总之，创新氛围可以让用户感受到来自社区的鼓励和支持，从而增进其创造动机。拉马穆尔西（Ramamoorthy，2005）的调查也发现，只有在支持和鼓励创新的组织氛围中，员工潜在的创造动机才能被激发出来。

其次，创新氛围可以促进用户的创造能力。在创新氛围较强的社区中，社区会给予用户创新指导，这对于缺乏专业知识的用户尤为重要。波茨等（2012）指出，用户往往缺乏足够的经验和技术专长，其产生的创意缺乏可行性，质量较低。而在创新氛围较强的社区，用户可以利用社区提供的指导弥补自身不足，例如通过定期参与社区培训、搜索知识库等方式获取产品创新知识，进而提升创造能力。这是一种“支持性学习”的方式，即用户通过社区提供的支持性途径获取知识。高娈等（2017）对 ERP 用户的研究也证实，支持性学习（企业对用户支持）是用户积累系统知识的常用方式。

最后，创新氛围可以提升用户的角色认知。OIC 是一个自愿参与的开放平台社区，如果没有明确的社区理念和导向，会使用户分散注意力，而无法聚焦到创新任务上。富勒等（2015）对在线竞赛社区的研究发现，仅有

2.4%的用户是真正的创意贡献者，而其余大量的用户则是“社交者”或“消极参与者”，他们在社区中的活动大多与创新无关。此外，许多用户加入创新社区是为了获取关系，他们更愿意和别人交流而非提交创意（Wei et al.，2017）。而在创新氛围较强的OIC中，社区往往具有明确的创新理念和价值观，强调OIC的主要目的是创新和创造，从而使用户明确自身的任务，使其注意力集中到创意活动上来。综上，本研究提出假设：

H4 OIC创新氛围对用户就绪有显著的正向影响

H4a OIC创新氛围对用户的贡献动机有显著的正向影响

H4b OIC创新氛围对用户的创新知识有显著的正向影响

H4c OIC创新氛围对用户的角色认知有显著的正向影响

互动氛围体现了OIC中用户与用户、用户与企业之间进行互动的程度。

首先，用户与用户之间的同侪互动是用户参与社区的重要原因，常见的同侪互动形式包括产品信息互动、成员身份互动和人际关系互动（Nambisan & Baron，2009）。同侪互动有助于增进用户之间的彼此信任，形成紧密的关系连接，并形成对社区的归属感和认同感（Bateman，2011）。只有用户对社区具有归属感，认为自身是社区的一部分时，才会愿意为创意活动付出时间和努力，产生较强的创造动机。企业与用户之间的互动对用户的创造动机也有重要影响。达兰德等（Dahlander et al.，2014）发现企业对社区的主动关注，如企业主动地在社区中发布一些创意、对用户提交创意进行反馈等，能刺激用户贡献创意。先前研究发现，企业与用户的互动，例如企业高管参与社区互动、邀请用户，能够提升企业在用户中的形象，从而使其有更高的参与意愿（langer & Seidel，2015）。

其次，积极的互动氛围意味着快速的信息交换，信息交换的多样性和深度越强，用户获得产品相关特性和技术知识的机会就越大，有助于加深对创新问题的理解，从而提升其创造能力。此外，根据野中等（Nonaka et al.，1994）提出的SECI知识创造模型，知识的转化与形成是在“场”（ba）中进行的，任何知识创新都离不开与社会群体的交往和具体的情境。尤其是知识的外部化阶段（Externalization）需要在“对话场”（Interacting/Dialoguing

Ba）中实现，即通过成员彼此交换想法，以开放的态度充分对话，以将个体中内隐的知识转化为显性知识。因此，社区的互动氛围越强，交流方式（如论坛、邮件、协作实验室等）越多，通过外部化过程创造新知识的机会就越多。因此，良好的互动氛围能增加用户的创新知识，团队成员间良好的关系质量能够有效提升个人知识水平。

最后，良好的OIC互动氛围也能够提升用户的角色认知。用户在OIC中可以扮演不同的角色，例如，用户可以在原型测试中充当设计概念开发者、原型测试者、技术故障反馈者等，进而贡献各种类型的创意（Marh & Lierens，2012）。不同的角色所需要的技术专长和性格特征不同，例如，原型设计者需要用户具有相当深厚的专业基础。在OIC大量的创意竞赛中，用户可能会“迷失”在其中，不能选择最适合自己的角色，从而导致低质量的创意。而在具有良好互动氛围的OIC中，频繁的同侪交互为用户提供了大量与其他创新者接触的机会，根据社会比较理论，人们可以通过与其他人的比较来了解自己。因此，在与其他创新者的接触过程中，用户可以更加了解自己的相对优势和不足，从而明晰自己在创意活动中所扮演的角色。综上所述，本研究提出假设：

H5 OIC互动氛围对用户就绪有显著的正向影响

H5a OIC互动氛围对用户贡献动机有显著的正向影响

H5b OIC互动氛围对用户创新知识有显著的正向影响

H5c OIC互动氛围对用户角色认知有显著的正向影响

控制氛围体现了OIC对社区活动和用户行为进行规范管理的严格程度。与大多数基于公共利益的资源社会集体一样，开放创新社区也面临着集体行动的问题，因为“搭便车”的用户有可能采取机会主义行为，例如，从社区中“免费”地窃取或模仿其他用户的创意（Wietz & Mathwick，2010）。这种行为会损害OIC中积极用户的贡献动机，使其不愿意在社区中持续地贡献创意。而控制氛围代表了社区对用户的一种承诺和保证，即通过严格的监督、管理和控制，优化社区环境，维护社区用户的利益。例如，一些OIC实施积分制度，用户必须通过贡献自己的创意获取积分，并用积分换取他人的创意方案。这些制度措施一定程度上减少了“搭便车”行为。格雷瓦尔（Grewal，2010）的研究表明，社区规制有助于规范社区成员的行为，减少社区参与者的机会主义行为。因此，在控制氛围较强的 OIC 中，用户对社区更为信任，从而会有更高的贡献动机。鲍尔等（Bauer et al.，2016）也通过案例研究证明，在线社区中的知识产权规范有利于用户更积极地进行创新活动。

OIC 的控制氛围能够提升用户的创新知识，原因有两点。首先，控制氛围中的“定义边界”维度意味着企业明确地制定社区的主旨、重点和边界，使其聚焦到与企业战略相关的主题上。这实质上是社区对用户的一种指导，即告知用户未来目标市场和当前创新的空白点（Beretta，2018）。因此，明确的边界能使社区用户的努力更有针对性，缩小了用户学习的范围，使用户把时间和精力聚焦在关键的核心问题上，促使他们更快地进行核心知识的搜索、整合与吸收。其次，控制氛围中的“正式流程”强调实施正式的程序来引导创意活动，如正式的创意评估标准、公平的评选过程等。流程正式化向用户提供了复制和学习的可能性（Kock et al.，2014），使用户理解高质量创意的特点，并可以从以往的创意活动中学习经验。刘新梅等（2017）发现在新产品开发中的流程正式化会增加企业的知识资源。同理可以推论，社区创意活动流程的正式化也可以提升用户的知识。

用户在加入一个开放创新社区时，由于缺少社区意识和参与经验，可能对自身在社区和创意活动中扮演什么角色并不清楚。在控制氛围较强的社区中，社区管理者以绝对的权威制定用户行为规范（Sibai et al.，2015），以明晰的规则告知用户社区活动的边界、流程和步骤、解释社区规范、概念和术语，并以此监督和管理用户的行为，如奖励有益的行为、制止违反规定的行为等。这种方式有助于用户理解社区对自身的角色期望，加快用户适应社区的过程。科勒等（Kohler et al.，2011）的研究也指出，在虚拟网络的互动中，消费者必须获得相关的角色认知，而明确相关的社区规范能提升消费者对社会互动的适应性水平。综上，本研究提出假设：

H6 OIC 控制氛围对用户就绪有显著的正向影响

H6a OIC 控制氛围对用户贡献动机有显著的正向影响

H6b OIC 控制氛围对用户创新知识有显著的正向影响

H6c OIC 控制氛围对用户角色认知有显著的正向影响

用户就绪代表了用户参与创意活动和提交创意的准备状态，具体体现在贡献动机、创新知识和角色认知 3 个方面。创造力的研究表明，一个人要有创造力，就必须具备特定的特征，比如在某个领域的特定的动机、专长、经验、对新技术的开放性和清晰的自我认知等。因此，本研究认为，用户的内/外在动机越强烈、知识储备越充足、对自身角色的认知越清晰，其提交高质量创意的可能性就越大。具体理由阐述如下。

首先，根据自我决定理论，动机是驱使人从事各种活动的必要条件。只有当用户具有一定的贡献动机时，才会较为积极地参与创意活动，并提交自己的创意。夏恩君等（2017）的实证研究表明，社区用户的内在动机和外在动机是其持续参与众包竞赛的重要原因。更为重要的是，动机是产生创造力的积极因素。阿马比尔（1996）认为，在任何领域中，创造力的产生都是由动机、领域技能和创造技能 3 个因素共同作用的结果。在很多情况下，动机甚至是创造力的核心。如果用户具有较高的动机水平，即使存在外部刺激因素的干扰（如风险、竞争和评价等），用户仍会保持开放心态，在进行创新时敢于冒风险，能够敏感地意识到情境中那些看似与问题的解决毫无关系的重大线索，从而创造性地将问题加以解决。因此，用户高水平的动机有助于其产生高质量创意。

其次，知识是创新活动的要件，与领域相关的知识和与创造相关的技能都和创造过程密切相关。在以往关于用户创新的研究中，用户知识不仅被视为必须，并且也被认为与创造结果呈正向关系（Schreier & Prugl, 2008）。一些基础技术相关的知识是创新者所必备的，构成用户是否有能力进行开展创新活动的门槛。冯希普尔（1994）指出，成功的创新需要结合“使用知识”和“技术知识”。在创造性的问题解决过程中，系统地分析现有的问题、构思解决方案并在实践中测试解决方案需要“使用知识”；而用户要把他们的需求从客户的语言表达成工程语言的具体（技术）产品和服务规范，则需要“技术知识”。因此，在一个特定的产品领域中，用户的知识水平可能与其产生高水平创意的可能性正相关。马格努森（2009）在一项众包竞赛中也发现，具有对底层技术较为了解的“专家用户”比一般用户产生的创意具有更高的可行性。

最后，角色认知是指用户对自身“扮演什么角色”的理解，强调“知道做什么”。角色清晰度较高的用户，对参与创意活动的流程及自身在创意活动中起到的作用都比较了解，知道参与哪些创意竞赛（产品/服务创意竞赛）和如何参与创新竞赛。并且，角色认知较高的用户了解创意竞赛的要求和评估标准，更有可能产生符合创意竞赛标准的高质量创意。研究表明，50%以上的创意竞赛参与问题来源于用户对竞赛的疑惑和对自身角色的认识不清（Adamczyk et al.，2012）。拉尔森等（Larsson et al.，1989）认为，如果用户对参与过程中需要扮演的角色认识不清晰，其行为和绩效就会受限制。因此可以推断，用户的角色认知越高，越有可能形成高质量的创意。综上，本研究提出假设：

H7 当用户就绪度越高时，其创意质量越好

H7a 当用户具有更高的贡献动机时，其创意质量越好

H7b 当用户具有更多的创新知识时，其创意质量越好

H7c 当用户具有更高的角色认知时，其创意质量越好

根据梅赫拉比安和罗素（Mehrabian & Russell，1980）提出的刺激（Stimulus）—有机体（Organism）—反应（Response）理论（S-O-R），外界环境对人类行为的影响是通过作用于有机体内部状态（O）实现的。该理论认为，个体的行为并非机械地接受外界环境的刺激（S）的结果，外界刺激与反应之间存在着一系列中介因素，它们不能被直接观察到，但可以根据引起行为的先行条件及最终的行为结果推断出来。这个中介环节就是有机体（O）的内部状态。S-O-R 理论强调个体主观构造的作用，认为外界环境通过提升人体意识水平（知觉、记忆、思维、动机等），形成更高水平的认知结构，进而作出各种回应。基于此，在开放创新社区环境中，社区氛围对用户创意的影响并非直接和即时的，而是发挥了一种“培育”的作用——用户通过在良好 OIC 社区氛围中的浸染，逐渐地产生了贡献动机、积累了创新知识并对自身角色有了更清晰的理解。因此，社区氛围通过提升用户就绪度，进而使用户创意质量得以提升，用户就绪在社区氛围和用户创意质量之间起到中介作用。以往许多研究都佐证了用户就绪的中介作用，例如，用户就绪中介了顾客教育与顾客参与的关系（黄敏学 等，2012）；用户就绪中介了创新产品特征和新产品接纳之间的关系（Meuter et al.，2005）。综上，本研究提出假设：

H8a 用户就绪在创新氛围和用户创意质量之间的关系中起到中介作用

H8b 用户就绪在互动氛围和用户创意质量之间的关系中起到中介作用

H8c 用户就绪在控制氛围和用户创意质量之间的关系中起到中介作用

三、创新氛围、互动氛围和控制氛围的交互作用

创新氛围强调社区对创新和创造的关注，而互动氛围强调用户之间的交互与联系。当社区对创新和创造足够重视时，用户之间的联系可以加速创新信息的流动，从而增进用户各自掌握的创新知识。库斯特勒（Koestler，1989）认为新的想法很大程度来自于现有知识的交叉点，取决于特定背景下个人与其他人的交互。根据社会认知理论，一个人通过观察他人的行为及后果可以从中学习，这种学习叫作“观察学习”。因此，在创新氛围较浓的 OIC 中，用户的社交网络对学习和创造非常重要。而当社区具有较好的互动氛围时，社区需要持续向用户灌输创新的重要性，以确保用户的注意力不被分散。富勒等（2014）认为在创新社区中存在大量的社交者（Socializer），他们对社交比对创新更感兴趣，尽管他们积极地参与交流、互动和活动，然而其提交的创意数量非常少。这些用户并不会以设计创意的方式对社区做出贡献。因此，在互动氛围较好的社区中，社区管理者还需要主动地宣传创新的愿景和价值观，以形成较高的创新氛围水平，才能使用户真正地为创造活动做好准备。因此，本研究提出假设：

H9 OIC 创新氛围和互动氛围对用户就绪有正向的交互效应

OIC 创新氛围和控制氛围之间的互补更加明显，因为它们分别代表了开放和封闭的行动战略。范登恩德等（Van den Ende et al.，2015）认为创意阶段的管理存在微妙的张力，一方面要创造支持和刺激的环境，另一方面应对创意的方向加以引导和控制。妥善处理这种张力会给企业带来更有价值的创意成果。在 OIC 社区中，创新氛围强调社区对用户创造性的鼓励和支持，以激发用户的创造力（开放）；而控制氛围则确保相关的用户的行动方向符合社区规定和企业的战略规划（封闭）。如果缺乏社区的控制，会导致用户产生大量的“偏差行为”（Gatzweiler，2017），不利于用户将其努力聚焦于创意任务上。相反，如果用户的创新活动得不到社区的充分支持和鼓励，没有足够的自主权去追求创新，那么过度的控制或导致约束、监管和官僚主义，会阻碍用户的创造力和创造动机。当社区对用户创新足够支持和包容时，对用户的行为加以引导和管理将更有助于其为创意任务做好充分的准备。此外，如果用户认为自己在创新活动中得到了充分的支持，并且拥有足够的自主权，那么他们对一些控制措施的接受度就会更高。因此，本研究认为，开放创新社区同时具备高水平的创新氛围和高水平的控制氛围将有利于用户就绪。因此，本研究提出假设：

H10 OIC 创新氛围和控制氛围对用户就绪有正向的交互效应

互动氛围和控制氛围同样会相互补充，对用户就绪产生正向的影响。首先，控制氛围是由社区制定的一系列规则、规范所形成的对社区成员的约束和限制。这些规则必须通过同侪的互动才能在社区中得以确立。费尔德曼（Feldman，1984）指出，社区规范通过社会互动出现在社区中，并通过同侪压力得以实施。社区规范的确立是人们在社会化的过程中，通过社会学习实现的。因此，在互动氛围良好的社区中，人们通过相互交流了解社区的行为准则，社区规范更容易被社区成员知晓和理解，进而明晰自身的行为边界。另外，在虚拟的社区环境中，身份的模糊性使成员之间的互动具有相当的风险，有研究发现大多数社区成员互动问题都是由于成员之间的不信任感造成的（Wu et al.，2010）。而当社区控制氛围较强时，社区通过边界管理和身份控制，培养了一种共享的背景和文化，为社区用户之间的相互信任和认同提供了基础。只有当用户之间彼此信任和认同时，他们才能够从社区中获取创新和创造所需的“养分”（信息、知识和资源等），从而为进行创意活动做好准备。因此，本研究提出假设：

H11 OIC 互动氛围和控制氛围对用户就绪有正向的交互效应

第三节　研究设计与方法

一、变量测量

本研究采用实证研究的方法对上述假设和概念模型进行检验。进行实证研究的必要步骤是对变量的测量，即根据一定的规则，用数量的方式描述研究对象所具备的特征（Stevens，1968）。根据前期研究成果并结合以往文献，本研究确定了各个变量的具体测量方法。自变量（社区氛围）和中介变量（用户就绪）利用问卷进行测量，所有问项都使用李克特 5 点量表的形式。问卷大部分问项来源于以往研究的成熟量表或经过前期研究验证。经过小规模预调研测试表明，所使用的问卷具有良好的信度和效度（预调研过程在第四章中进行了介绍，在此不再赘述）。因变量（用户创意质量）和控制变量的测量来源于主观评估和开放创新社区中的客观数据。具体测量方法如下。

（一）自变量的测量

目前关于开放创新社区氛围的测量并没有成熟的操作化测量方法。因此采用第四章的研究成果，使用本研究开发的开放创新社区氛围量表。在本研究中，将开放创新社区氛围的 3 个维度置于变量层次进行分析，即将 OIC 创新氛围、互动氛围和控制氛围作为 3 个自变量。3 个自变量的测量维度和问项见表 5.1。

表 5.1　3 个自变量的测量维度和测量问项

变量	测量维度	测量问项
创新氛围	理念倡导	创新是社区愿景的一部分
		社区旨在促进用户进行创新
		社区的口号中包含了创新的含义
		社区不断向用户宣传创新的意义和重要性
	激励认可	社区会给予创新用户荣誉等精神奖励
		在社区中，具有创新精神的用户会受到尊重
		社区会认可和赏识有创新精神的用户
	资源支持	社区中有较多与创新相关的信息和知识
		社区会给用户提供一些创新资源
		社区会提供一些用于创新的工具
		社区会给用户提供创新相关的指导和支持
互动氛围	同侪互动	社区中用户的交流很活跃
		通常情况下，在社区中发帖会得到积极的回复
		社区中用户之间的联系很密切
		社区中的用户总是乐于沟通
		社区中的一些小组经常共同参与任务
	社区活动	社区会举办一些线上或线下活动
		许多用户乐衷于参与社区举办的活动
		一般情况下，社区活动能得到用户的积极响应
	官方参与	企业官方会在社区中与用户进行互动
		有时候，企业的高管会在社区中与用户互动
		企业的内部员工经常参与到社区中来
控制氛围	定义边界	社区的主题是相当明确的
		社区的主旨是根据企业的战略而制定的
		社区的主旨与企业的发展方向相一致
	正式流程	社区为参与创意竞赛制定了明确的程序
		创意竞赛的规则对每个参与者都是公开透明的
		社区创意竞赛有一套明确的评选标准
		对参与创意竞赛的用户来说，权利和责任都很明确
		创意竞赛的参与方式和流程都是很明确的

续表

变量	测量维度	测量问项
控制氛围	资格限制	社区设立了等级制度，高等级用户有更多的权限
		加入社区的条件是比较严格的
		社区设立了实名认证制度
	社区规制	社区管理者会经常性地监督用户的行为
		对违反社区规范的行为，社区会进行严肃处理
		管理者在维护社区秩序方面投入了大量精力

（二）中介变量的测量

就绪（Preparedness）是一个起源于服务创新研究领域的构念，表示消费者为首次接受某种服务的准备状态（Meuter，2005）。本研究借鉴了“就绪”的概念，但情景和内涵与原有概念有所不同。本研究所使用的“用户就绪”概念表示用户为贡献创意的准备状态和所具备的条件，包括贡献动机、创新知识和角色认知 3 个维度。

贡献动机反映了用户对在 OIC 中提交创意的渴望。关于用户在社区中的贡献动机已有较多研究。以往学者对用户在虚拟社区中的知识贡献动机、内容贡献动机、创新贡献动机等进行了测量（Jeppesen & Frederiksen，2006；Chen et al.，2013；Xu & Li，2015）。本研究在对相关研究进行整合的基础上，对存在重叠的部分进行合并，归纳出具有代表性的用户贡献动机题项。并对题项进行了相应的修正，使其符合创意活动的情景，最终形成了测量贡献动机的 4 个题项。

创新知识是指用户在面对创造问题时可以利用的知识。阿马比尔（1983）认为个体的创新知识包括领域相关的知识和创造相关的知识。领域相关的知识是个体在某个特定领域所掌握的原理、事实、范例和问题解决策略的总和；而创造相关的知识则是对产生新观念的启发式方法的了解，例如解释反常、运用类比、变熟悉为陌生等。根据阿马比尔的定义，领域相关的知识等同于产品知识。在领先用户的相关文献中，关于产品知识的测量已较为成熟。路彻等（2005）指出产品知识包括产品架构的知识、市场现有产品的材料和技术的知识，并利用3个题项测量用户的产品知识；施赖尔等（Schreier et al.，2008）认为产品知识是对产品属性、物理组件和属性—性能关系的理解，并开发了测量用户知识的题项。综合二者开发的题项，形成了对领域相关知识的测量。而创造相关的知识则根据阿马比尔等（1996）的定义和米切尔和达钦（Mitchell & Dacin，1996）的操作化定义，用了3个题项加以测量。

角色认知反映了用户理解创意任务以及自己在创意任务中扮演角色的程度。在服务创新研究领域，有较多关于消费者角色认知的研究。德朗德等（Dellande et al.，2004）使用6个题项测量了用户关于一项医疗服务的角色认知；梅特等（Meuter et al.，2005）在对用户参与电子商务的研究中，利用5个题项测量了用户对于使用自助服务技术的角色认知；黄敏学和周学春（2012）等使用3个题项测量了顾客对参与金融服务的角色认知。借鉴上述关于角色认知的研究成果，本研究综合已有文献的题项，删除部分过时及研究边界不符合的题项，并对其余题项进行改编，以使其适应社区创意活动的情境，最终确定了测量角色认知的5个题项。用户就绪的3个测量维度及其测量题项见表5.2。

表5.2　用户就绪的测量维度和测量题项

变量	测量维度	测量题项	相关信息
用户就绪	贡献动机	我渴望在社区中提出新创意	(Jeppesen & Frederiksen，2006)
		我有参与社区创意活动的愿望	
		我愿意在社区中分享我的观点	
		我希望能为社区创意活动作出贡献	
	创新知识	我对产品技术架构具有很好的了解	(Amabile et al.，1996) (Lüthje et al.，2005) (Schreier & Prügl，2008)
		我对产品属性和性能有很好的了解	
		与他人相比，我在此领域有更多的专业知识	
		我对改进现有产品的要领有所掌握	
		我对一些问题解决策略较为了解	

续表

变量	测量维度	测量题项	相关信息
用户就绪	角色认知	我知道如何参与和表达自己的创意	(Dellande et al., 2004) (Meuter et al., 2005) (黄敏学，周学春，2012)
		我知道参与创意活动的流程和步骤	
		我清楚参与创意活动的结果	
		我知道社区对我参与创意活动的期望是什么	
		我清楚自己能在创意活动中起到什么作用	

（三）因变量的测量

用户创意质量是指用户贡献的创意对企业的有用程度。创意质量的评价一直以来都是用户创新研究的难点。在以往文献中，专家评估法和客观数据法是两种主流的测量方法。专家评估法是指通过专家小组，根据一定的标准对提交的创意进行打分；客观数据法是利用企业或社区中的客观数据对创意质量做出评估，通常根据该创意被企业/社区采纳与否来确定创意的好坏。尽管学者使用了多种评估用户创意质量的方法，然而现有的方法各有缺陷。专家评估法依赖于个人经验和主观判断，一定程度上会产生系统偏差。并且，在具有海量数据的 OIC 环境中，通过人工评估成本高昂且效率低下。客观数据法虽然相对简单易行，但其根据二分的方法（是否被企业采纳）来判断创意质量，并不能完全反映出创意的好坏。在一些情况下，创意未被企业采纳并非由于其本身质量不高，而是由于企业当前阶段的目标市场、资源、技术等客观情况无法支持该创意的实施（Beretta et al., 2018）。因此，根据被企业采纳与否的标准评判创意质量，可能造成相当一部分创意被低估。

基于上述分析，本研究考虑综合专家评估法和客观数据法的各自优势，以对用户质量进行更为准确的测量。为了在不同的产品情景下进行创意比较，笔者与 2 名产品创新管理研究领域的专家和 2 名产品开发经理对创意评估的标准进行了讨论。依托在前期研究中收集的部分创意样本（100 个），专家们讨论了成功的创意和不成功的创意之间的内在区别，提出了各自的建议并最终达成了共识。最终确定的创意评估标准为新颖性、用户利益和市场潜力。这 3

个维度在以往文献中均得到了支持，并且与 MISA 奖（使用了用户友好度、可生产性、用户利益、估计市场规模和用户选择的维度）、Sony-Ericsson 创意竞赛（使用了创新性、实用性和 Cool 的维度）和美国 IDEA 概念设计大奖（使用了创新性、用户受益、符合生态原理和美观的维度）使用的标准较为一致。下面对各个维度的测量方法及其合理性进行说明。

1. 新颖性

新颖性代表了创新维度，指与现有市场产品相比，该创意的原创程度。在以往许多研究中，都强调新颖性是创意的重要评估标准（Bjork & Magnusson，2009；Poetz & Schreier，2012）。对创意新颖性的评估需要对现有市场产品的属性、特点、技术和标准具有很好的了解，才能将创意与现有产品进行比较。因此，使用专家评估法对创意新颖度进行打分是较为适宜的。为此，本研究邀请了一名手机 App 产品开发经理和一名消费电子网站的编辑，组成了专家小组，对每个创意的新颖度进行打分（1~10 分）。在详细评估创意的新颖度之前，他们接受了关于评价标准、定义和典型案例的培训（Krippendorff，2004）。在个人评估之后，两位专家会讨论他们评估中的差异之处，并可以根据他们的共同讨论来改变各自的评分。最终一条创意新颖度的得分为两名专家评分的平均值。

2. 用户利益

用户利益指该创意能够为用户或消费者带来的好处或价值，包括功能价值、体验价值、情感价值和象征价值等（焦媛媛 等，2018）。美国 IDEA 概念设计大奖中的用户利益包括性能、舒适度、安全性、使用方便性、可用性、用户界面、人机互动性、一般功用和获取便捷性等方面。由于用户利益的构面较多，很难对每个构面一一进行评估。因此，本研究通过同侪用户对该创意的态度来对用户价值进行整体的评估。当同侪用户对其持积极态度时，说明该创意能够为他们带来价值；反之，则说明该创意给他们带来的价值并不大。在产品创新研究领域，已有较多研究证实了产品价值与用户态度的关系（Bloch，1995），例如诺贝尔和库马尔（Nobel & Kumar，2010）指出产品的理性价值、情感价值和动觉价值（kinesthetic value）与消费者的反应密切相关。

具体地，本研究使用一条创意下同侪用户评论的情感极性来测量用户利益。积极的评论代表了同侪用户在创意方案中看到了一些益处，他们对方案表示认可（Jensen et al.，2014）。因此，同侪用户评论的情感极性可视为测量用户利益的合理的代理变量。并且，在自然语言处理方法已经较为成熟的情况下，使用文本情感分析对用户态度进行分析具有合理性和可靠性（李然，2018）。在工具上，利用中国科学院心理研究所开发的“文心”中文心理分析系统工具（TextMind）对同侪评论的情感进行打分。TextMind是一款针对中文文本进行语言分析的软件系统，它根据简体中文语境的特点，提供了从自动分词到语言心理分析的一揽子分析解决方案，可以便捷地分析文本中使用的不同类别语言的程度、偏好等特征，TextMind 内置的词库中标注了 272 个表示积极情绪和 233 个表示消极情绪的词汇。利用 TextMind 的文本分析功能，可以检测一段文本中包含的积极情绪和消极情绪词语的数量。通过用户所有帖子中包含的积极情绪词语和消极情绪词语数量的差值，即可测量同侪用户对该创意的态度（即用户利益）。

3. 市场潜力

市场潜力是指该创意是否关注并服务于大规模的市场。尽管一些学者指出，由于新产品或服务的不确定性，在开发的早期阶段（创意筛选阶段）很难使用与市场相关的标准（Lynn et al.，1996），然而市场是创意最终的应用场所，在企业实践中，市场是检验一个创意好与坏的重要因素（甚至是最重要的因素）。在用户创新的相关研究中，也往往将商业吸引力（即市场潜力）作为评估用户创新的重要标准。例如詹森等（Jensen et al.，2014）指出，在 OIC 社区中产生的大量创意为企业带来了信息过载的困扰，为了对大量的创意进行过滤，应选取那些在商业吸引力方面较为突出的创意，作为企业进一步开发的对象。

在市场潜力评估方法方面，以往研究多利用数理模型预测创新产品的市场规模。然而在互联网情境下，数据可得性的增加使得人们可以使用更多的方法来进行市场潜力预测。其中，用户评论数量是学者们使用较多的预测指标。目前网络用户评论数量与产品销量的关系已经在图书、电影、游戏等诸多领域得以证实（Chevaliar & Mayzlin，2006；Chintagunta et al.，2010）。基于此，本研究利用每一个创意的同侪用户评论数量来测量市场潜力。同侪用户评论数量不仅反映该创意多大程度上关注了消费者共同关心的问题，也反映了该创意所关注的市场的普遍性。因此，同侪用户评论数量越多，表明该创意的市场潜力越高。并且，根据产品扩散理论，对一条创意的评论越多、越为热烈，就会有越多的人知晓该创意，有助于新产品跨越从早期接纳者到大众接纳者的“鸿沟”（Roges，2003），从而使更多的人最终接纳该创意。因此，本研究认为创意的同侪评论数量是测量市场潜力的合理的代理变量。

最后，为了对创意的整体质量进行测量，首先对新颖性、用户利益和市场潜力 3 个维度进行归一化处理。新颖性、用户利益的测量采用离差标准化的方法对原始数据进行线性变换，使结果映射到［0，1］区间，市场潜力的测量采用 log 函数转换的方法，将创意评论数量转化为［0，1］区间的值。最后，用 3 个维度的加总值来衡量一条创意的质量，即用户创意质量=新颖性+用户利益+市场潜力（表 5.3）。

表 5.3　用户创意质量的测量维度和测量方法

变量	测量维度	含义	测量方法	相关信息
用户创意质量	新颖性	与现有市场产品相比，该创意的原创程度	两名专家评分的平均值	(Björk & Magnusson, 2009) (Poetz & Schreier, 2012)
	用户利益	该创意能够为用户/消费者带来的好处或价值	利用同侪用户对该创意的态度来测量（好与坏），即同侪用户对该创意的所有评论的情感分值	(Bloch，1995) (Noble & Kumar，2010) (李然 等，2018)
	市场潜力	该创意是否关注并服务于大规模的市场	利用对该创意感兴趣的同侪用户的人数来测量（多与少），即每个创意下同侪评论的个数	(Jensen et al.，2014) (Chevalier & Mayzlin, 2006) (Chintagunta et al.，2010)
用户创意质量=新颖度+用户利益+市场潜力				(Mangusson，2009)

（四）控制变量的测量

首先，借鉴学者们对用户创意的研究，本研究对用户的性别进行控制（Wu et al.，2010）。其次，用户在社区中的注册时间越长，或者参与经验越多，对参与流程和评估标准越为了解，提交的创意质量可能越高（刘倩，孙宝文，2018），因此，本研究将注册时间和参与经验作为控制变量。注册时间利用用户在社区中注册的年限来表示，而参与经验则利用用户在之前是否提交过创意来表示。最后，社区相关的变量，包括社区成立时间和社区主题。成立时间较长的社区具有更多的创意活动运营经验，从而可能导致更高的用户就绪和创意质量。而不同主题的社区所聚集的用户群体不同，也可能会对创意质量造成影响。例如，本研究前期调研发现，3D 打印社区对技术知识的要求较为严格，进入门槛较高。因此 3D 打印社区中的“领先用户”比例比一般的手机社区更多，他们提出的创意更为专业和聚焦。基于此，本研究对样本来源中所涉及的 73 个社区的主题进行了归类。依据社区所聚焦的产品领域将社区的主题分为 5 类，分别为 3D 打印、无人机、手机、家电和混合主题（同时关注两种以上的产品类别）。

二、数据收集与处理

为了获得较高质量的数据来源，本研究制订了调研对象（开放创新社区）选取的原则：①将调研对象限定为消费电子领域的开放创新社区。这一方面是由于消费电子领域的用户创新较为活跃；另一方面对产品领域的限定也使数据更加具有可比性。②社区必须是企业主导的开放创新社区，例如海尔 HOPE 创新社区、美的开放式创新平台等。③该社区必须要有创意提交功能（如新功能建议版块、Bug 反馈版块、众包竞赛功能等）。一些 OIC 只允许管理者发布内容，而用户不能提交建议，因此被排除在外。④社区较为活跃，有较多的注册用户和用户生成内容。⑤社区用户的注册信息和发表的内容是公开和可获得的。根据这些原则，通过企业宣传、专家推荐和一些社区的“相关网站链接”等方式，广泛地查找国内的消费电子相关的开放创新社区。并且，本研究相关人员与部分社区的管理者取得了联系，为后续的数据收集创造了良好的条件。

第一轮数据收集为问卷收集过程。首先，设计好测量社区氛围、用户就绪和用户人口统计特征的调查问卷，以测量本研究的自变量、中介变量和部分控制变量。然后，通过两种方式进行问卷收集：一是作者将问卷的网络链接发布在各个开放创新社区中，邀请用户填写；二是通过前期调研积累了用户资源，通过 E-mail 的方式将问卷发放到各个用户邮箱中，并且同样采取问卷奖励的形式激励用户参与。经过 2 个多月的问卷收集后（2017 年 12 月—2018 年 1 月），共收到问卷 971 份。剔除无效问卷和提交创意过少（小于 2 个）的用户填写的问卷，剩余有效问卷 857 份。

第二轮数据收集为网络客观数据收集过程，收集时间是 2018 年 4 月。根据被调查用户所填写的社区 ID，在各个社区中搜集其个人数据（注册时间、发表的主题数量）和提交的创意数据（创意内容、创意提交时间、回复文本内容、回复数量）。本研究只收集提交时间在 2017 年 6 月—2018 年 2 月内的创意，这是因为这个时间段与用户填写问卷的时间基本相符，并且在这个时间段内提交的创意大多数已经是“沉帖”，相关数据信息变化幅度极小。经过 1 个多月的网络客观数据收集，共获得 4361 条创意数据。

将第一轮的问卷数据和第二轮的网络数据整合。首先，剔除了没有查找到社区 ID 的用户、个人注册信息严重缺失的用户和没有发表过创意的用户。其次，对其余用户的创意进行了预审查。笔者邀请两名研究生查看了所有的创意（大部分是以主题帖的形式出现的），并评估：①该帖子是否构成“真正的”创意（而不是“水帖”、离题的帖子或仅仅是对某个想法的评论，如“这个设计不错哟”）；②该创意是否可以得到适当的评估（其内容和描述方式允许认真评估）。基于这两个标准的过滤进一步删除了部分数据。最终，得到了 43 个开放创新社区中 695 名用户的完整数据。这些用户共提交了 4183 条创意，平均每个用户提交了 6.02 条。数据的基本统计信息见表 5.4。

表 5.4 样本数据的统计信息

层次	基本信息	分类	个数	百分比/%
社区层次	社区主题	3D 打印	7	16.28
		手机	17	39.53
		家电	5	11.63
		无人机	3	6.98
		混合型	11	25.58
	社区成立时间	0~1 年	3	6.98
		2~3 年	18	41.86
		4~5 年	7	16.28
		5 年以上	15	34.88
	调查用户数量	1~20 人	12	27.91
		20~40 人	25	58.14
		40~80 人	6	13.95
用户层次	注册时间	0~1 年	137	19.71
		2~3 年	224	32.23
		4~5 年	166	23.88
		5 年以上	168	24.17
	发表主题总数	1~50 个	320	46.04
		30~100 个	259	37.27
		100 个以上	116	16.69
	提交创意数	1~10 个	330	47.48
		10~20 个	251	36.12
		20 个以上	114	16.40

续表

层次	基本信息	分类	个数	百分比/%
创意层次	获评次数	1~20 个	1401	33.49
		20~50 个	2062	49.29
		50 个以上	720	17.21
	发布时间	2017/6—2017/8	1466	35.05
		2017/9—2017/11	1381	33.01
		2018/12—2018/2	1336	31.94

第四节　样本的信效度检验

本研究中使用的自变量和中介变量的测量来源于前期研究中开发的量表（OIC 氛围量表）和成熟量表（用户就绪量表）。首先，本节运用 SPSS 21.0 软件进行信度检验；其次，由于前期研究中已经明确了各变量的内部结构，在对构念的结构有理论预期的情况下，运用 AMOS 21.0 软件对其进行验证性因子分析，以检验变量测量的效度。

信度检验分为整体信度和各潜变量信度两个层次。量表整体信度的检验采用 Cronbach'α 指标，该值应满足大于 0.70 的要求；对各潜变量信度的检验采用 Cronbach'α 和组合信度指标（CR）。其中组合信度反映了每个潜变量中所有题目是否一致性地解释该潜变量，当该值高于 0.60 时表示该潜变量具有较好的组合信度。

量表效度的检验包括内容效度和结构效度。本研究使用的量表采纳了以往文献中成熟量表的题项，在设计过程中充分听取了创新社区领域研究专家的意见，通过预调研的测试和修正，对问卷的形式和措辞方面进行了优化，基本能够较好地反映所测量构念的含义，因此可认为所使用量表具有良好的内容效度。结构效度包括收敛效度和判别效度。收敛效度通过因子负荷和 AVE 值来判别，一般地，各题项的因子负荷要大于 0. 70，各变量的 AVE 值要大于 0. 50；判别效度通过比较因子的 AVE 值的平方根是否大于该因子与其他因子的相关系数得出。此外，还通过检验模型的拟合优度对建构效度进行判别。

一、开放创新社区氛围测量的信度与效度分析

（一）OIC 创新氛围的信度与效度

OIC 创新氛围的测量模型如图 5. 2 所示，信度分析和验证性因子分析的结果见表 5. 5（本章表格中，* 表示在 0. 05 水平显著；** 表示在 0. 01 水平显著；*** 表示在 0. 001 水平显著）。量表整体的 Cronbach'α 值为 0. 85，表明量表整体上具有可靠性。进一步检验各潜变量的信度指标，各潜变量的 Cronbach'α 值在 0. 89～0. 94 之间，组合信度在 0. 92～0. 96 之间，因此该量表具有较好的信度。

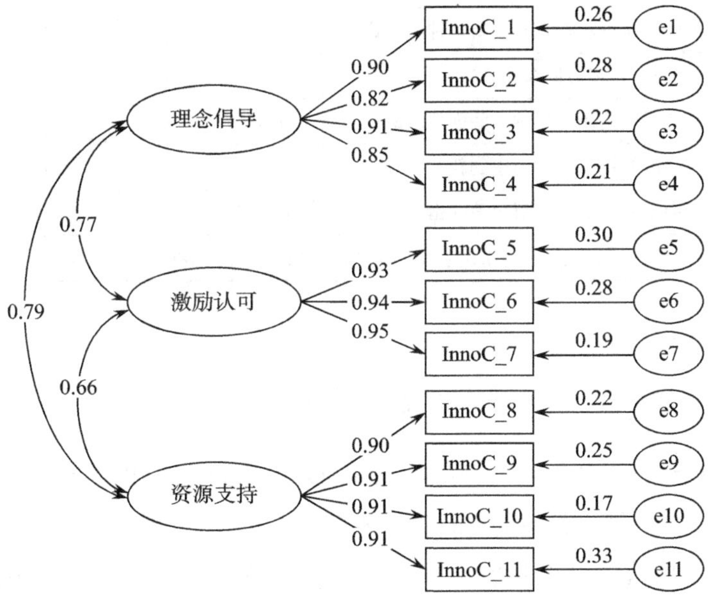

图 5. 2　OIC 创新氛围的测量模型

OIC 创新氛围各题项的因子载荷均大于 0.81，各变量的 AVE 值为 0.76、0.89 和 0.82，大于 0.50 的最低要求，表明聚合效度良好。每个变量 AVE 的平方根大于其与其他变量的相关系数，表明区分效度良好。此外，测量模型的 χ^2/df= 1.34，小于 5.00 的标准；RMSEA = 0.02，小于 0.05 的标准；NFI、CFI、GFI 和 AGFI 的拟合优度指标均大于 0.90，表明该测量模型的拟合优度较好，具有较好的结构效度。

表 5.5 OIC 创新氛围的信度分析和验证性因子分析结果

维度	测量条目	因子载荷	Cronbach'α	组合信度	AVE
理念倡导	创新是社区愿景的一部分	0.90***	0.89	0.92	0.76
	社区旨在促进用户进行创新	0.82***			
	社区的口号中包含了创新的含义	0.91***			
	社区不断向用户宣传创新的意义和重要性	0.85***			
激励认可	社区会给予创新用户荣誉等精神奖励	0.93***	0.94	0.96	0.89
	在社区中，具有创新精神的用户会受到尊重	0.94***			
	社区会认可和赏识有创新精神的用户	0.95***			
资源支持	社区中有较多与创新相关的信息和知识	0.90***	0.92	0.95	0.82
	社区会给用户提供一些创新资源	0.91***			
	社区提供了一些用于创新的工具	0.91***			
	社区会给用户提供创新相关的指导和支持	0.91***			
χ^2/df= 1.34；RMSEA = 0.02；NFI = 0.91；CFI = 0.97；GFI = 0.97；AGFI = 0.95					

（二）OIC 互动氛围的信度与效度

OIC 互动氛围的测量模型如图 5.3 所示，信度分析和验证性因子分析的结果见表 5.6。量表整体的 Cronbach'α 值为 0.90，表明量表整体上具有可靠性。进一步检验各潜变量的信度指标，各潜变量的 Cronbach'α 值在 0.90~0.91 之间，组合信度值在 0.93~0.95 之间，因此该量表具有较好的信度。

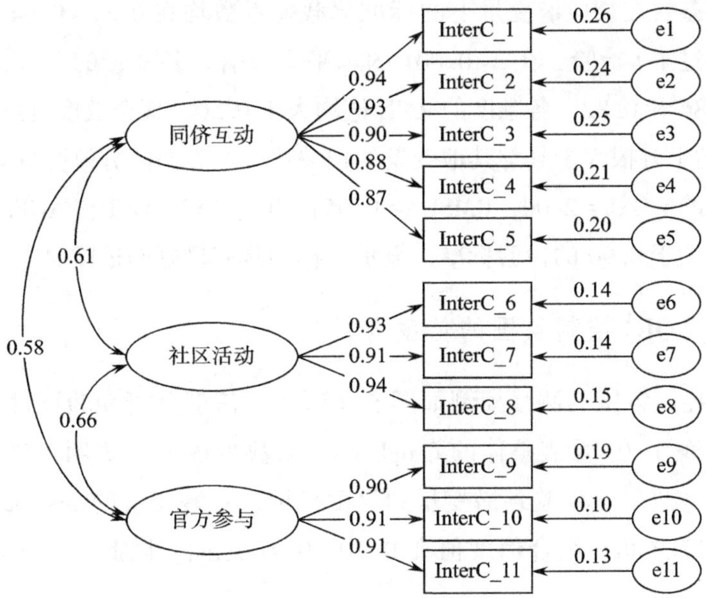

图 5.3 OIC 互动氛围的测量模型

表 5.6 OIC 互动氛围的信度分析和验证性因子分析结果

维度	测量条目	因子载荷	Cronbach'α	组合信度	AVE
同侪互动	社区中用户的交流很活跃	0.94***	0.91	0.95	0.82
	在社区中发帖通常会得到积极的回复	0.93***			
	社区中用户之间的联系很密切	0.90***			
	社区中的用户总是乐于沟通	0.88***			
	社区中的一些小组经常共同参与任务	0.87***			
社区活动	社区会举办一些线上或线下活动	0.93***	0.91	0.95	0.86
	许多用户乐衷于参与社区举办的活动	0.91***			
	社区活动一般都能得到用户的积极响应	0.94***			
官方参与	企业官方会在社区中与用户进行互动	0.90***	0.90	0.93	0.82
	有时候，企业的高管会在社区中与用户互动	0.91***			
	企业官方的内部员工经常参与到社区活动中来	0.91***			
χ^2/df=2.00；RMSEA=0.05；NFI=0.91；CFI=0.96；GFI=0.97；AGFI=0.96					

所有条目在相应潜变量上的标准化载荷系数均在 0.87~0.94 之间，并且全部通过了 t 检验，在 $p<0.001$ 的水平上显著。各变量的 AVE 值分别为 0.82、0.86 和 0.82，各维度的 AVE 值均大于 0.50，聚合效度良好。每个变量 AVE 的平方根大于其与其他变量的相关系数，表明区分效度良好。此外，测量模型的 $\chi^2/df=2.00$；RMSEA=0.05；NFI、CFI、GFI 和 AGFI 的拟合优度指标均大于 0.90 的检验标准，显示出模型具有良好的适配。

（三）OIC 控制氛围的信度与效度

OIC 控制氛围的测量模型如图 5.4 所示，信度分析和验证性因子分析的结果见表 5.7。量表整体的 Cronbach'α 系数为 0.75，表明量表整体上具有可靠性。进一步检验各潜变量的信度指标，各潜变量的 Cronbach'α 值在 0.69~0.77 之间，组合信度值在 0.70~0.78 之间，因此该量表具有较好的信度。

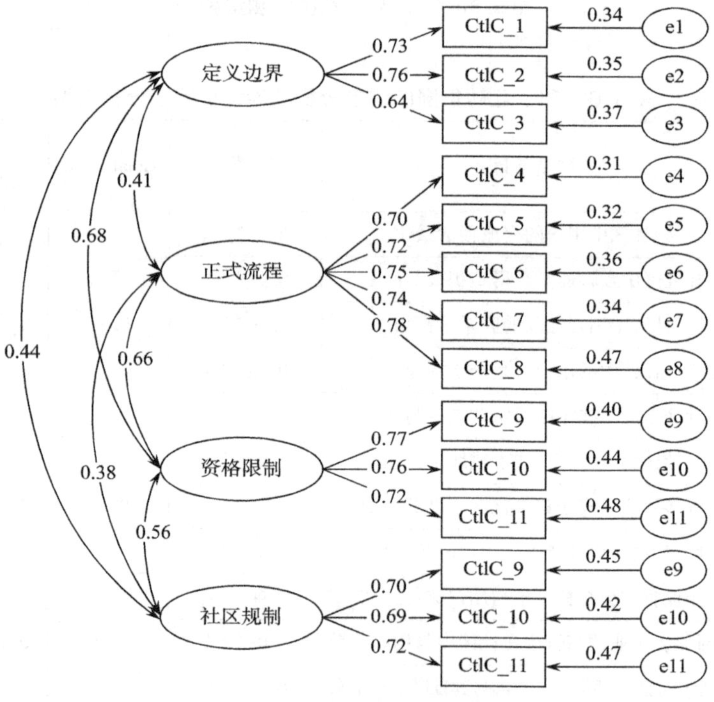

图 5.4 OIC 控制氛围的测量模型

表 5.7 OIC 控制氛围的信度分析和验证性因子分析结果

维度	测量条目	因子载荷	Cronbach'α	组合信度	AVE
定义边界	社区的主题是相当明确的	0.73***	0.76	0.78	0.51
	社区的主旨是根据企业的战略而制定的	0.76***			
	社区的主旨与企业的发展方向相一致	0.64***			
正式流程	社区为参与创意竞赛制定了明确的程序	0.70***	0.77	0.77	0.55
	创意竞赛规则对每个参与者都是公开透明的	0.72***			
	社区创意竞赛有一套明确的评选标准	0.75***			
	创意竞赛的权利和责任都是很明确的	0.74***			
	创意竞赛的参与方式和流程都是很明确的	0.78***			
资格限制	社区中的等级制使高等级用户有更多权限	0.77***	0.74	0.76	0.56
	加入社区的条件是比较严格的	0.76***			
	社区设立了实名认证制度	0.72***			
社区规制	社区管理者会经常性地监督用户的行为	0.70***	0.69	0.70	0.51
	社区会严肃处理违反社区规范的行为	0.69***			
	管理者在维护社区秩序方面投入了大量精力	0.72***			
$\chi^2/df=2.59$；RMSEA=0.09；NFI=0.89；CFI=0.91；GFI=0.94；AGFI=0.94					

验证性因子分析结果显示，在所有题项对应的标准化载荷中，最小的为0.69，最大的为0.78，满足0.60以上的标准，并且双尾 t 检验结果显著。各变量的AVE值分别为0.51、0.55、0.56、0.51，均大于0.50的标准，说明模型的内在质量理想，具有较好的收敛效度。每个变量AVE的平方根大于其与其他变量的相关系数，表明区分效度良好。此外，测量模型的 $\chi^2/df=2.59$，小于5.00；RMSEA=0.09，小于0.10；除了NFI=0.89以外，CFI、CFI、GFI和AGFI的拟合优度指标均大于0.90的检验标准，显示出模型具有良好的适配。

二、用户就绪测量的信度和效度分析

用户就绪的测量是在梅特和比特内（Metuer & Bitner，2005）使用的顾客就绪测量量表的基础上，结合用户创新相关文献改编而来，包括贡献动机、创新知识和角色认知 3 个维度。用户就绪的测量模型如图 5.5 所示，信度分析和验证性因子分析结果见表 5.8。量表的整体 Cronbach'α 系数为 0.75，表明量表整体上具有可靠性。进一步检验各潜变量的信度指标，各潜变量的 Cronbach'α 值在 0.77～0.83 之间，组合信度值在 0.76～0.83 之间，因此该量表具有较好的信度。

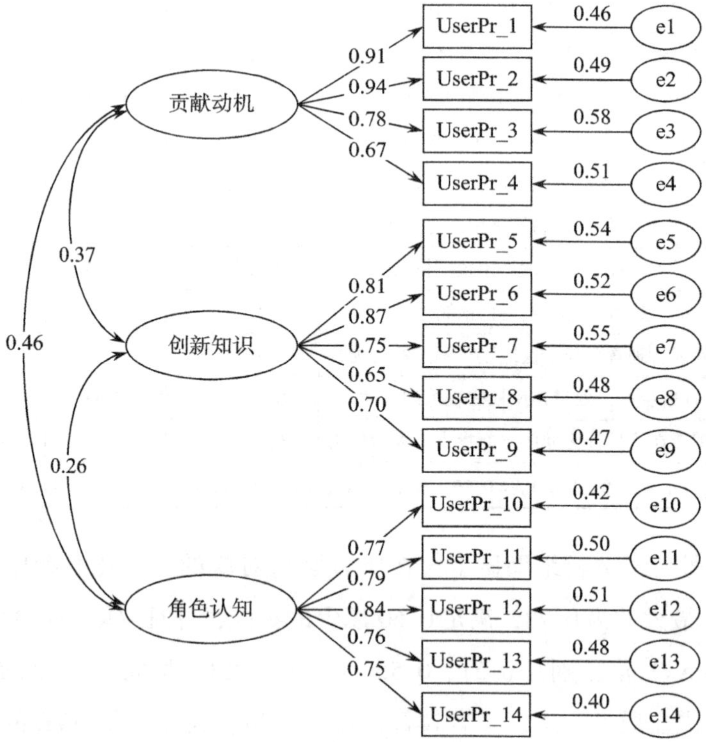

图 5.5　用户就绪的测量模型

验证性因子分析结果显示，在所有题项对应的标准化载荷中，最小的为 0.67，最大的为 0.94，满足 0.60 以上的标准，并且双尾 t 检验结果显著。各变量的 AVE 值分别为 0.69、0.67 和 0.61，大于 0.50 的标准，说明模型的内在质量理想，具有较好的收敛效度。每个变量 AVE 的平方根大于其与其他变量的相关系数，表明区分效度良好。此外，测量模型的 χ^2/df = 2.36，小于 5.00；RMSEA = 0.08，小于 0.10；除 CFI = 0.87 略小于 0.90 以外，NFI、CFI、GFI和AGFI的拟合优度指标均大于0.90的检验标准，显示出模型具有良好的拟合度。

表5.8　用户就绪的信度分析和验证性因子分析结果

维度	测量条目	因子载荷	Cronbach'α	组合信度	AVE
贡献动机	我渴望在社区中提出自己的创意	0.91***	0.77	0.76	0.69
	我有参与社区创意活动的愿望	0.94***			
	我愿意在社区中分享我的观点	0.78***			
	我希望能为社区创意活动作出贡献	0.67***			
创新知识	我对产品技术架构有很好的了解	0.85***	0.83	0.83	0.67
	我对产品属性和性有很好的了解	0.82***			
	与他人相比，我在此领域有更多的专业知识	0.76***			
	我对改进现有产品的要领有所掌握	0.81***			
	我对一些问题的解决策略较为了解	0.86***			
角色认知	我知道如何参与和表达自己的创意	0.77***	0.78	0.79	0.61
	我知道参与创意活动的流程和步骤	0.79***			
	我清楚参与创意活动的结果	0.84***			
	我知道社区对我参与创意活动的期望是什么	0.76***			
	我清楚自己能在创意活动中起到什么作用	0.75***			
χ^2/df=2.36；RMSEA=0.08；NFI=0.91；CFI=0.87；GFI=0.98；AGFI=0.96					

三、创意质量评估的信度分析

用户创意质量新颖性维度的测量是通过两位专家评估用户提交的创意内容来实现的，因此可以对其信度进行检验。首先，借鉴马格努森（2009）检验创意评估信度的做法，计算两位专家评分的Pearson相关系数。结果表明，两位专家在新颖性维度上的评分具有较高的一致性（$r=0.642$）。因此专家评估分数可以视为是较为可靠的数据。其次，借鉴内容分析法的信度计算方法，通过计算创意质量新颖性的Krippendorff 's α 系数来评估两位专家之间的信度。Krippendorff 's α 系数是一个较为保守的指数，用于衡量多个评分者之间的一致性，并且被认为是评估不同评分者间可靠性的高度严格的指标。通常，0.67 以上的值即被认为具有很好的信度（Krippendorff，2004）。经过计算，创意新颖性的 Krippendorff 's α 系数为 0.65。考虑到新颖性评估的难度（大多数用户的创意描述是较为简单和非正式化的，对其新颖性进行专业的评估是一项非常具有挑战性的任务）和 Krippendorff 's α 系数指标的严格程度，该结果尚可接受。

四、数据聚合检验

在本研究中，开放创新社区氛围是组织层面的构念，而测量则是在个体层次上进行的，需要将个体层面上的数据聚合（Aggregate）为组织层面的数据。本研究中的自变量开放创新社区氛围属于共享构念（Shared Construct）。共享构念是集体成员共同具有的特征，只有当集体内的个体具有相似的知觉时其才存在。关于组织氛围的研究也认为，个体可以对环境的知觉形成某种心理氛围，但只有当这些知觉被共享时才会形成某种组织气氛（James，1982）。换言之，只有个体的评价存在一致性时，高层面的共享结构才存在。因此，在个体数据聚合之前，需要检验个体数据的组内一致性或可信度，以证明将个体数据聚合为组织构念的有效性。

在涉及多层数据的统计分析中，组内差异和组间差异的比较，是判定某一特定的数据聚合方式是否有效的主要依据。共享构念的数据聚合指标一般包括 r_{wg}、ICC（1）和 ICC（2）。据检验，OIC 创新氛围的组内差异 r_{wg} 为 0.44~0.90，中位数为 0.77；OIC 互动氛围的 r_{wg} 为 0.67~0.95，中位数为 0.82，且只有 3 个社区的 $r_{wg}<0.70$；OIC 控制氛围的 r_{wg} 为 0.55~0.86，中位数为 0.71。3 种社区氛围的 r_{wg} 的中位数均大于 0.70，表明聚合度具有足够的一致性。此外，对于组间差异评价指标 ICC（1）和 ICC（2），OIC 创新氛围、互动氛围和控制氛围的 ICC（1）均大于 0.05，ICC（2）均大于 0.50。由此可知，组织层面变量由个体层面数据聚合而来是合理的。

第五节 实证分析结果

本节重点通过回归分析对研究假设进行检验。首先，依据因子结构计算各因子条目的平均分作为后续分析的基础。其次，对所有变量进行相关性分析。最后，采用层级线性模型（Hierarchical Liner Model，HLM）对所有变量进行回归分析。在处理多层数据的回归时，若采用普通的线性回归方法，会忽略群体或数据嵌套的关系，也无法分析结果变量的变异是由组内因素还是组间因素造成的。因此，本研究采用能够同时处理变量嵌套关系的多层线性模型对数据进行处理，依次对模型的主效应、中介效应和互补效应进行检验，通过结果中的标准化系数显著水平来判断各变量之间的关系。

一、描述性统计分析

本研究各变量的平均值、标准差和相关系数的统计分析结果见表 5.9。在控制变量中，社区主题、社区成立年限和用户性别与本书所研究的各主要变量均无显著的相关关系，因此在后续研究中不再将其考虑在内。社区主题与各变量无关，说明不同领域的 OIC 社区中的社区氛围和用户没有明显的差异。社区成立年限与各变量之间无关，这可能是由于新兴的社区（如一些 3D 打印社区、无人机社区等）成立时间较短，其从一开始就重视社区建设，因此其社区氛围、用户特征和创意质量和一些“老牌”社区相比并不存在显著区别。用户注册时间和贡献动机显著相关（0.145^{*}），说明社区中的“老用户”有较高的社区承诺，愿意为社区付出时间和精力。用户参与经验与角色认知、用户就绪显著相关（0.149^{*}；0.172^{*}），说明具有经验的用户对自身任务、创意活动流程等更加了解，就绪度更高。

对各主要变量相关分析的结果初步支持本书所提出的研究假设，亦为数据分析检验提供了必要的前提。然而，Pearson 相关分析仅是变量间关系的初步验证，需要进一步使用层级线性回归模型，以验证社区氛围、用户就绪和创意质量之间的跨层次关系。

表 5.9　描述性统计结果

序号	变量	1	2	3	4	5	6	7	8	9	10	11	12	13
1	社区主题													
2	社区成立年限	−0.10												
3	性别	0.04	0.02											
4	用户注册时间	−0.09	0.17*	0.09										
5	用户参与经验	0.08	−0.09	−0.03	0.03									
6	创新氛围	0.05	−0.11	−0.01	0.08	0.10								
7	互动氛围	−0.09	−0.03	−0.06	0.12	0.06	0.50**							
8	控制氛围	−0.02	0.03	−0.12	0.14	0.15*	0.52**	0.50**						
9	贡献动机	0.06	−0.12	−0.01	0.15*	0.21*	0.42**	0.38**	0.33**					
10	创新知识	0.01	−0.05	0.11	0.11	0.09	0.42**	0.47**	0.46**	0.54**				
11	角色认知	−0.09	0.06	−0.05	0.12	0.15*	0.37**	0.40**	0.47**	0.54**	0.65**			
12	用户就绪	0.00	−0.05	0.03	0.15*	0.17*	0.48**	0.49**	0.50**	0.86**	0.88**	0.84**		
13	创意质量	−0.07	0.00	−0.05	0.17*	0.14	0.30**	0.47**	0.45**	0.56**	0.56**	0.54**	0.65**	
	N	43	43	695	695	695	695	695	695	695	695	695	695	695
	均值	2.52	3.17	0.46	3.01	0.37	3.75	3.50	3.73	3.56	3.54	3.73	3.61	1.54
	标准差	2.23	1.11	0.50	0.96	0.48	0.49	0.53	0.49	0.67	0.78	0.58	0.58	0.65

注：社区主题分别取值 1~6；社区成立年限分别取值 1~4；性别分别取值 0、1；用户注册时间分别取值 1~4 ；用户参与经验分别取值 0、1。

二、回归结果分析

(一) 社区氛围对用户创意质量的作用结果

为了减少变量间的多重共线性，根据温福星（2015）的建议，对层 1（个体层次）变量的数据按组均值中心化处理，形成分析结果。在进行回归分析之前，首先对所使用的模型进行多重共线性检验，所有的模型的 VIF 值均在 1.00~2.01 之间，小于 10，表明变量之间不存在严重的线性相关关系，可保证研究方程结果的有效性。

社区氛围（团体层次）对用户创意质量的效应通过构建随机系数回归模型进行分析。由于社区氛围变量的测量是来自于较低层次的构念（个体层次），首先必须显示出用户创意质量在个体层次和群体层次上均有变异存在，因此要进行虚无模型检验，将创意质量的方差分为组内与组间方差。虚无模型（模型 1）如下：

Model1　Level-1：$IQ_{ij}=\beta_{0j}+r_{ij}$

Level-2：$\beta_{0j}=\gamma_{00}+u_{0j}$

其中，IQ_{ij} 为第 j 组中第 i 个用户的创意质量。

为了检验社区氛围对用户创意质量的影响，将控制变量和自变量加入到模型中，形成了模型 2：

Model 2　Level-1：$IQ_{ij}=\beta_{0j}+\beta_{1j}\ (ZCSJ_{ij})\ +\beta_{2j}\ (CYJY_{ij})\ +r_{ij}$

Level-2：$\beta_{0j}=\gamma_{00}+\gamma_{01}\ (InnoC_j)\ +\gamma_{02}\ (InterC_j)\ +\gamma_{03}\ (CtrlC_j)\ +u_{0j}$

$\beta_{1j}=\gamma_{10}$

$\beta_{2j}=\gamma_{20}$

其中，$ZCSJ_{ij}$ 为第 j 组中第 i 个用户的注册时间；$CYJY_{ij}$ 为第 j 组中第 i 个用户的参与经验；$InnoC_j$ 为第 j 组社区的创新氛围；$InterC_j$ 为第 j 组社区的互动氛围；$CtrlC_j$ 为第 j 组社区的控制氛围。

将上述两个模型在 HLM 6.08 软件中进行运行，结果见表 5.10。虚无模型运行结果（模型 1）显示，以创意质量为研究变量，组间方差 $\tau_{00}=0.36$，

组内方差 $\sigma^2=2.49$，依次可计算出 ICC（1）= 0.36/（0.36+2.49）= 12.63%（大于 6.00%），说明创意质量的方差的 12.63% 是来源于组间方差。尽管该结果显示个体差异对创意质量的影响更高，但也不可忽视社区因素的影响，因此，应当采取跨层次分析方法进行后续研究。并且，卡方检验的结果表示组间方差是显著的（$\chi^2=83.37$，$df=42.00$，$p<0.001$），符合进一步检验的前提。加入自变量后的模型 2 显示，控制变量参与经验对用户创意质量有显著的正向影响；自变量 OIC 创新氛围、互动氛围和控制氛围均对用户创意质量有显著的正向影响（0.27**、0.32***、0.26**），假设 H1、H2 和 H3 得到支持。

表 5.10　OIC 创新氛围、互动氛围和控制氛围对创意质量影响的回归分析结果

		因变量：用户创意质量	
		模型 1	模型 2
	截距（γ_{00}）	5.40**	4.51**
控制变量	注册时间（γ_{10}）		0.04
	参与经验（γ_{20}）		0.12*
自变量	创新氛围（γ_{01}）		0.27**
	互动氛围（γ_{02}）		0.32***
	控制氛围（γ_{03}）		0.26**
方差	σ^2	2.49	2.22
	τ_{00}	0.36**	0.29**
ΔR^2			0.19

注：σ^2 为层 1 残差 r_{ij} 的方差；τ_{00} 为层 2 残差 u_{0j} 的方差，后同。

（二）社区氛围对用户就绪及其各维度的作用结果

与上述分析过程一样，社区氛围对用户就绪的影响同样属于 2-1 类型模型，因此首先建立以用户就绪为因变量的虚无模型（模型 3，略）。其次，为检验 OIC 创新氛围、互动氛围和控制氛围对用户就绪的影响，将控制变量和自变量加入模型中，形成模型 4：

Model 4　Level−1：$UserP_{ij}=\beta_{0j}+\beta_{1j}(ZCSJ_{ij})+\beta_{2j}(CYJY_{ij})+r_{ij}$

Level−2：$\beta_{0j}=\gamma_{00}+\gamma_{01}(InnoC_j)+\gamma_{02}(InterC_j)+\gamma_{03}(CtrlC_j)+u_{0j}$

$\beta_{1j}=\gamma_{10}$

$\beta_{2j}=\gamma_{20}$

其中，$UserP_{ij}$ 为第 j 组第 i 个用户的就绪度。

模型运行结果见表 5.11。模型 4 运行结果显示用户就绪的组间变异占总变异的比例为 0.16/（1.21+0.16）≈11.68%，大于 6.00%，可以进行进一步检验。模型 4 的结果显示，OIC 创新氛围对用户就绪的影响不显著（Sig. =0.111），因此假设 4 未得到支持。而 OIC 互动氛围对用户就绪有显著的正向影响（0.52***），OIC 控制氛围对用户就绪同样具有显著的正向影响（0.24**），假设 5 和假设 6 分别得以验证。

表 5.11　社区氛围对用户就绪影响的回归分析结果

		因变量：用户创意质量	
		模型 3	模型 4
	截距（γ_{00}）	3.82**	2.16**
控制变量	注册时间（γ_{10}）		−0.02
	参与经验（γ_{20}）		0.09
自变量	创新氛围（γ_{01}）		0.15
	互动氛围（γ_{02}）		0.21**
	控制氛围（γ_{03}）		0.26**
方差	σ^2	1.21	1.20
	τ_{00}	0.16**	0.14**
ΔR^2			0.12

由于创新氛围对用户就绪的影响不显著，因此分析其对用户就绪各维度的影响没有意义。下面只分析互动氛围和控制氛围对用户就绪各维度的影响。分别建立以贡献动机、创新知识和角色认知为因变量的虚无模型，形成模型 5、模型 6 和模型 7（略）；其次将控制变量和自变量加入层 2（团体层次）中，形成模型 8、模型 9 和模型 10：

Model 8/9/10

Level-1：$Moti_{ij}/Know_{ij}/Role_{ij}=\beta_{0j}+\beta_{1j}（ZCSJ_{ij}）+\beta_{2j}（CYJY_{ij}）+r_{ij}$

Level-2：$\beta_{0j}=\gamma_{00}+\gamma_{01}（InterC_j）+\gamma_{02}（CtrlC_j）+u_{0j}$

$\beta_{1j}=\gamma_{10}$

$\beta_{2j}=\gamma_{20}$

其中，$Moti_{ij}$、$Know_{ij}$ 和 $Role_{ij}$ 分别为第 j 组第 i 个用户的贡献动机、创新知识和角色认知。

模型运行结果见表 5.12。在 3 个虚无模型中，组间方差 τ_{00} 占总方差的比例均超过 6.00%，可以进行后续分析。模型 8 显示，互动氛围对角色认知的影响不显著，假设 H5a 未得到支持；控制氛围对贡献动机有显著的正向影响（0.32***），说明社区良好的规制和管理能促进用户的贡献动机，假设 H6a 得到验证；互动氛围对创新知识具有显著的正向影响（0.23**），说明用户之间的交流与共享促进了个体的知识增长，验证了假设 H5b；然而控制氛围对创新知识不存在显著影响，假设 H6b 未得到支持；最后，互动氛围和控制氛围均对角色认知有显著的正向影响，假设 H5c 和 H6 得到了数据支持。

表 5.12　社区氛围对用户就绪各维度影响的回归分析结果

		贡献动机		创新知识		角色认知	
		模型 5	模型 8	模型 6	模型 9	模型 7	模型 10
	截距（γ_{00}）	2.68**		1.64**		1.81**	
控制变量	注册时间（γ_{10}）		0.23**		0.03		0.11*
	参与经验（γ_{20}）		0.09		-0.02		0.20*
自变量	互动氛围（γ_{02}）		0.27**		0.23		0.15
	控制氛围（γ_{03}）		0.35**		0.10		0.32***
方差	σ^2	1.49	1.48	0.50	0.55	0.41	0.39
	τ_{00}	0.36**	0.33**	0.22**	0.17**	0.36**	0.31**
ΔR^2			0.08		0.10		0.14

（三）用户就绪及其各维度对用户创意质量的作用结果

用户就绪和创意质量同属于个体层次的变量，因此通过建立随机系数回归模型对二者关系进行研究，如模型 11 所示：

Model 11

Level-1：$IQ_{ij}=\beta_{0j}+\beta_{1j}(UserP_{ij})+\beta_{2j}(ZCSJ_{ij})+\beta_{3j}(CYJY_{ij})+r_{ij}$

Level-2：$\beta_{0j}=\gamma_{00}+u_{0j}$

$\beta_{1j}=\gamma_{30}+u_{1j}$

$\beta_{2j}=\gamma_{20}$

$\beta_{3j}=\gamma_{30}$

模型 11 运行结果显示（表 5.13），与虚无模型相比较，加入用户就绪自变量的模型 11 的 R^2 增加了 0.11。并且，用户就绪对创意质量有显著的正向影响（0.64***），说明用户为参与创意活动的准备越充分，其提交的创意质量越高，因此假设 H7 得到验证。进一步对用户就绪各维度（贡献动机、创新知识和角色认知）对创意质量的影响进行检验，建立模型 12。模型 12 运行结果显示，与虚无模型相比较，加入贡献动机、创新知识和角色认知自变量的模型 12 的 R^2 增加了 0.12。并且，贡献动机维度和角色认知维度对用户创意质量均有显著的正向影响（0.31***，0.29**），假设 H7a 和 H7b 得到了验证。而创新知识维度对创意质量不具有显著影响，说明具有更多创新知识的用户贡献的创意质量未必更好，假设 H7b 未得到支持。

Model 12

Level-1：$IQ_{ij}=\beta_{1j}(Moti_{ij})+\beta_{2j}(Know_{ij})+\beta_{3j}(Role_{ij})+$
$\beta_{4j}(ZCSJ_{ij})+\beta_{5j}(CYJY_{ij})+r_{ij}$

Level-2：$\beta_{0j}=\gamma_{00}+u_{0j}$

$\beta_{1j}=\gamma_{10}+u_{1j}$

$\beta_{2j}=\gamma_{20}+u_{2j}$

$\beta_{3j}=\gamma_{30}+u_{3j}$

$\beta_{4j}=\gamma_{40}$

$\beta_{5j}=\gamma_{50}$

表 5.13　用户就绪及其各维度对用户创意质量影响的回归分析结果

		因变量：用户创意质量	
		模型 11	模型 12
	截距（γ_{00}）	4.73**	4.57**
控制变量	注册时间（γ_{10}）	−0.03	−0.02
	参与经验（γ_{20}）	0.09*	0.09*
自变量	用户就绪	0.64***	
	贡献动机		0.31***
	创新知识		0.11
	角色认知		0.29**
方差	σ^2	2.23	2.20
	τ_{00}	3.31*	3.09*
ΔR^2	（与虚无模型比较）	0.11	0.12

（四）用户就绪的中介作用结果

马蒂厄等（Mathieu et al.，2007）指出在分析多层次中介效应时，要根据多层次线性模型的特点，从零模型逐步地验证，并进一步提出了检验多层次中介效应（2-1-1 模型）的四个步骤：第一，零模型检验，通过计算因变量 Y 和中介变量 M 的组间变异系数 ICC（1）来确认是否有必要进行跨层次分析；第二，检验自变量对因变量的直接效应，只有在显著的情况下，中介效应才有必要继续进行；第三，自变量对中介变量的直接效应应当显著；第四，同时加入自变量与中介变量，检验两者对因变量的直接效应。此步骤针对传统的中介效应检验方法做了两处改变，一是中介变量采用小组中心化的方法处理，二是在第二层模型中加入一个新的变量 M，即每个小组中介变量的平均值。另外，如果自变量的回归系数不显著，说明中介效应是完全中介效应；如果自变量对因变量的回归系数的估计值达到了显著水平，但是回归系数明显小于步骤二的回归系数，说明中介效应是部分中介效应。

在之前的研究中，已经分别检验了以创意质量和用户就绪为因变量的零模型，可以进行后续分析；在自变量对因变量的直接效应检验中，创新氛围、互动氛围和控制氛围对创意质量的影响都为显著；在第三步检验中，发现创新氛围对创意质量没有显著影响，因此用户就绪在 OIC 创新氛围和创意质量之间不存在中介作用，假设 H8a 未得到支持。下面只需检验用户就绪在互动氛围、控制氛围和创意质量之间的中介作用。由此，进行第四步检验，将自变量互动氛围、控制氛围和中介变量用户就绪同时纳入到模型中，形成模型 13：

Model 13

Level-1：$IQ_{ij}=\beta_{0j}+\beta_{1j}\ (UserP_{ij})\ +\beta_{2j}\ (ZCSJ_{ij})\ +\beta_{3j}\ (CYJY_{ij})\ +r_{ij}$

Level-2：$\beta_{0j}=\gamma_{00}+\gamma_{01}\ (InterC_{j})\ +\gamma_{02}\ (CtrlC_{j})\ +\gamma_{03}\ (\bar{M}UserP_{j})\ u_{0j}$

$\beta_{1j}=\gamma_{10}$

$\beta_{2j}=\gamma_{20}$

$\beta_{3j}=\gamma_{30}$

其中，$\bar{M}UserP_j$ 为用户就绪聚合到组织层面，表示平均的用户就绪度。

模型 13 运行结果见表 5. 14。为了更直观地展示用户就绪的中介作用，表 5. 14 同时展示了步骤 1、步骤 2 和步骤 3 中的检验结果。可以看到，在同时加入自变量和中介变量后，自变量 OIC 互动氛围对用户创意质量的影响仍然显著（0. 21**），但回归系数从 0. 32 下降到了 0. 21，说明用户就绪在 OIC 互动氛围和用户创意质量之间发挥了部分中介效应，假设 H8b 得到部分支持；自变量 OIC 控制氛围对用户创意质量的影响变为不显著（Sig. = 0. 12），说明用户就绪在 OIC 控制氛围和用户创意质量之间的发挥了完全中介作用，假设 H8c 得到了验证。

表 5. 14 用户就绪的中介作用检验

		用户就绪		用户创意质量		
		模型 3	模型 4	模型 1	模型 2	模型 13
	截距（γ_{00}）	3. 82**	2. 16**	5. 40**	4. 51**	3. 90**
控制变量	注册时间（γ_{10}）		−0. 02		0. 04	
	参与经验（γ_{20}）		0. 09		0. 12*	

续表

		用户就绪		用户创意质量		
		模型 3	模型 4	模型 1	模型 2	模型 13
	截距（γ_{00}）	3.82**	2.16**	5.40**	4.51**	3.90**
自变量	创新氛围（γ_{01}）		0.15		0.27**	0.26**
	互动氛围（γ_{02}）		0.21**		0.32***	0.21**
	控制氛围（γ_{03}）		0.26**		0.26**	0.11
中介变量	用户就绪					0.56***
	$\bar{M}$UserP					0.65***
方差	σ^2	1.21	1.20	2.49	2.22	2.05
	τ_{00}	0.16**	0.14**	0.36**	0.29**	0.27**
ΔR^2			0.12		0.19	0.08

（五）社区氛围之间的交互作用结果

最后，检验不同社区氛围对用户就绪的影响存在交互作用。由于在对社区氛围对用户就绪直接效应检验中，OIC 创新氛围对用户就绪没有显著影响，分析其与其他创新氛围的交互作用没有意义。因此，假设 H9 和 H10 未得到验证。下面将只分析 OIC 互动氛围和控制氛围对影响用户就绪的交互作用。

遵循以往的研究（温福星，2015），在检验交互作用时，先将自变量作中心化处理，再构造两个自变量的乘积项，将自变量和自变量的乘积项同时纳入模型中，形成模型 14：

Model 14

Level-1：$UserP_{ij}=\beta_{0j}+\beta_{1j}（ZCSJ_{ij}）+\beta_{2j}（CYJY_{ij}）+r_{ij}$

Level-2：$\beta_{0j}=\gamma_{00}+\gamma_{01}（InnoC_j）+\gamma_{02}（InterC_j）+\gamma_{03}（CtrlC_j）+\gamma_{04}（InterC_j）\times（CtrlC_j）+u_{0j}$

$\beta_{1j}=\gamma_{10}$

$\beta_{2j}=\gamma_{20}$

模型运行结果见表 5.15。为了更清晰地展现交互作用结果，表 5.15 同时列示了虚无模型（模型 3）和仅有自变量的模型 4 的检验结果。可以看到，再加入 OIC 互动氛围和控制氛围的乘积项后，模型的 R^2 相比仅有自变量的模型 4 增加了 0.10，并且在模型 14 中，互动氛围与控制氛围的交互项的系数为正且显著（0.14**），说明互动氛围与控制氛围对用户就绪确实存在交互效应，即当社区的互动氛围较高时，控制氛围对用户就绪的影响增强；而当社区的控制氛围较高时，互动氛围对用户就绪的影响同样会增强，假设 H11 得以验证。

表 5.15　OIC 互动氛围和控制氛围影响用户就绪的交互作用检验

		因变量：用户创意质量		
		模型 3	模型 4	模型 14
	截距（γ_{00}）	3.82**	2.16**	2.05**
控制变量	注册时间（γ_{10}）		-0.02	0.01
	参与经验（γ_{20}）		0.09	0.05
自变量	创新氛围（γ_{01}）		0.15	0.12
	互动氛围（γ_{02}）		0.21**	0.21**
	控制氛围（γ_{03}）		0.26**	0.27**
	互动氛围×控制氛围			0.14**
方差	σ^2	1.21	1.20	1.20
	τ_{00}	0.16**	0.14**	0.10**
ΔR^2			0.12	0.10

三、结论与讨论

本章在问卷数据和社区用户创意数据的基础上，通过多层线性模型对提出的假设模型进行了实证分析，验证了开放创新社区氛围影响用户创意质量的机理，检验了用户就绪在社区氛围和用户创意质量关系之间的中介作用，并对不同社区氛围对用户就绪的交互作用进行了分析，具体假设验证情况汇总见表 5.16，所形成的理论模型如图 5.6 所示。

表 5.16 实证分析结果汇总

模型	假设	结论
H1	OIC 创新氛围→用户创意质量	支持
H2	OIC 互动氛围→用户创意质量	支持
H3	OIC 控制氛围→用户创意质量	支持
H4	OIC 创新氛围→用户就绪	不支持
H5	OIC 互动氛围→用户就绪	支持
H5a	OIC 互动氛围→贡献动机	支持
H5b	OIC 互动氛围→创新知识	支持
H5c	OIC 互动氛围→角色认知	不支持
H6	OIC 控制氛围→用户就绪	支持
H6a	OIC 控制氛围→贡献动机	支持
H6b	OIC 控制氛围→创新知识	不支持
H6c	OIC 控制氛围→角色认知	支持
H7	用户就绪→用户创意质量	支持
H7a	贡献动机→用户创意质量	支持
H7b	创新知识→用户创意质量	不支持
H7c	角色认知→用户创意质量	支持
H8a	OIC 创新氛围→用户就绪（中介）→用户创意质量	不支持
H8b	OIC 互动氛围→用户就绪（中介）→用户创意质量	部分支持
H8c	OIC 控制氛围→用户就绪（中介）→用户创意质量	支持
H9	OIC 创新氛围×互动氛围→用户就绪	不支持
H10	OIC 创新氛围×控制氛围→用户就绪	不支持
H11	OIC 互动氛围×控制氛围→用户就绪	支持

将研究结果与理论挂钩，在数据、理论和意义三者之间进行对话，有以下关键发现。

第一，OIC 创新氛围对用户创意质量仅有直接影响。

在组织研究领域中，已有研究指出组织创新氛围（高层对创新的宣传和支持、充分的资金和时间资源等）对员工创新行为具有重要作用（Bertels，2011）。本书对社区创新氛围和用户创意质量的研究同样验证了这一点。然

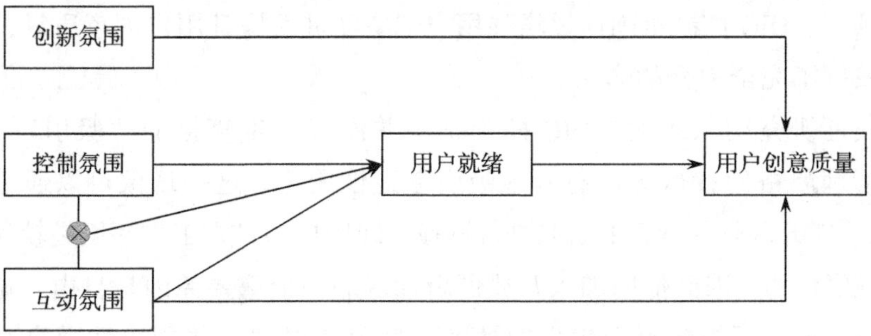

图 5.6　验证后的理论模型

而，研究发现，OIC 创新氛围对用户创意质量的影响并非通过增强提升用户就绪而实现，而是仅有直接影响。这说明，良好的社区氛围发挥了"吸引效应"和"筛选效应"，即吸引创造性用户加入该社区，并且将不符合该社区理念和要求的用户排除在外。在实践中，真正以创新为主旨并积极强调创新的社区相对较少，因此真正具有较强创新氛围的社区对创造性用户具有极大的吸引力，甚至成为了"领先用户"的聚集地。这些用户有较多的创新知识，有能力贡献高质量创意，然而其贡献动机和角色认知都不强，并不具有较高的用户就绪度。因此，OIC 创新氛围对用户就绪并无显著影响，而是直接通过吸引创造性用户而提升创意质量。

第二，OIC 互动氛围对用户创意质量有显著正向影响，且用户就绪发挥了部分中介的作用。

数据分析结果发现，OIC 互动氛围对用户创意质量的影响是通过两条路径实现的：一是直接影响，即良好的互动氛围会吸引更多的创造性用户加入社区，从而提升社区中的创意质量。这一点在社区实践中得到了大量体现，即用户倾向于加入互动性较强的社区，社区气氛越是活跃，越能吸引用户。二是间接影响，即良好的互动氛围提升了用户的就绪度，从而使其创意质量得以提升。尤其是，互动氛围增强了用户的"创新知识"和"贡献动机"，即用户在同侪交流中吸收知识，并且产生了分享和表达的意愿。这也印证了范·戴恩等（Van Dyne et al.，2003）的研究，说明参与者之间有效的社会交互不仅促进了信息与知识共享，而且培养了参与者之间的信任，促进了参与者之间的有效沟通以及协同合作，从而鼓励了个体创新的动机和能力。

第三，OIC 控制氛围通过增强用户就绪度进而提升用户创意质量，用户就绪发挥了完全中介的作用。

实证研究结果表明，OIC 控制氛围并没有产生直接的“吸引”效应，说明管理严格的社区无法有效地吸引创造性用户。这一现象可以通过沙阿（2002）对开源软件社区的研究进行解释，即用户的日常工作环境是较为结构化和程序化的，因而他们加入开放创新社区的一个重要原因是自由、宽松和开放的环境。而控制氛围较强的社区自然无法得到一些创造性用户的“青睐”。OIC 控制氛围对用户创意质量的影响是通过用户就绪的中介作用实现的。即控制氛围能够“培育”现有用户，对现有用户进行教育、约束和管理，提升用户就绪度，进而提高用户创意质量。控制氛围是由社区管理者所制定的一系列规范、示例和条件而形成的，这些管理工具增长和存储了集体共享的关于“在这里做事的方式”和“不成文的内部规则”的知识（Leonard & Sensiper，1998），在用户思维和行动中嵌入了对内部规则的理解，也加强了自身的贡献动机和角色认知，因而可以提升其贡献的创意质量。

第四，OIC 互动氛围和控制氛围对用户就绪有着交互作用。

以往关于社区的文献表明社区管理涉及开放（吸引外部参与、刺激创新、创造力和组织增长）和控制（限制进入、有限授权和内容管理）之间的平衡。本书对社区氛围的研究不仅印证了这一点，也是对此研究的进一步深化。OIC 互动氛围代表了“开放”，即鼓励交流、互动和对话参与，而 OIC 控制氛围则代表了“控制”，即主动的约束、监督和管理介入。实证结果表明，二者有着交互作用：在活跃的社区氛围基础上，对用户的贡献、行为和内容边界进行限定，使其与组织期望的目标相一致，才能够使用户真正地为参与创意活动做好准备，进而为社区和企业做出有意义的贡献。

第五，用户就绪是创意质量的重要前提，但其“创新知识”维度对创意质量并无显著影响。

与预期假设相一致，用户就绪对其创意质量有显著的正向影响。然而通过对用户就绪各维度和创意质量关系的进一步研究发现，贡献动机和角色认知维度对创意质量有显著正向影响，而创新知识维度对创意质量无显著影响。这与阿马比尔（1983）提出的领域技能是创造力的必备要素之一的结论不一致。分析原因，是由于本研究聚焦于用户创意大多以“产品需求”的形式出现，提出一个需求并不需要真正地去解决或实现它，因而并不需要较强的创新知识水平。例如，在 MIUI 社区中，大多数产品创意都与现有产品未解决的问题、用户期望的功能、未来的使用场景等相关，大多数普通用户都可以参与到创意活动中来。因此，创新知识对创意质量并无显著的影响。

第六章

高质量创意的社区构型：基于社区氛围的定性比较分析

第一节 问题提出

在第五章的回归分析中，本研究验证了 OIC 创新氛围、互动氛围和控制氛围是用户创意质量的重要预测变量，并且不同社区氛围之间存在着交互作用。回归分析基于“原子论”的思想，假定变量（条件）相互独立起作用，聚焦于分析单个变量的独特“净效应”或“边际效应”，有助于理解变量与变量之间的单独关系。然而，传统的回归分析方法亦有其不足之处。在管理实践中，各个变量（条件）往往是相互依赖而非独立的。当自变量间相互相关时，单个变量的独特效应可能被其他相关变量所掩盖，即某一条件的效应取决于它与其他条件的组态组合关系。此外，在实践中，自变量与因变量往往并非对称的关系（Richo & Ragin，2009）。例如，较高的互动氛围促进用户创意质量，然而较低的互动氛围并不一定导致较低的用户创意质量，导致高（或低）质量用户创意的原因组合可能有多种。这种存在因果非对称性的研究是传统的回归方法不能够处理的。总而言之，传统的回归方法无法回答以下问题：当不同的社区氛围组合在一起时，会对用户创意质量产生何种影响？或者，能够产生高质量用户创意的社区氛围组合有哪些？

此外，当考虑到社区氛围影响用户创意质量的边界条件时，问题会变得更为复杂。在第三章基于扎根理论的探索性研究中，发现创新任务类型（核心系统创新任务和周边系统创新任务）可能在社区氛围和用户创意质量的关系中起着调节作用。加蒂尼翁等（Gatignon et al.，2002）指出，创新研究常常混淆创新特征、创新类型和创新的层次。对创新的分析单元进行更加详细的界定说明，对创新和组织绩效的研究可能会更加有效。并且，已有研究表明在不同类型的产品创新任务中，用户的产品创意表现有着较大差异（汪涛 等，2010）。因此本研究进一步将创新任务类型——核心系统创新任务和周边系统创新任务纳入到分析框架中来。然而，当创新任务类型对3个自变量和因变量的关系均存在影响时，传统的实证研究模型不仅会更加复杂，所得到的结论也会使人难以理解。

为了处理多变量之间存在的复杂交互作用，本章采用了构型理论（Configurational Theory）。构型理论认为“组织应该被理解为相互关联的结构和实践的集群而非分单元或者松散结合的实体，因而不能以孤立分析部件的方式理解组织”（Fiss，2007）。构型理论聚焦于具有相似的战略、目标或结构等共同特征的组织集合，描述这些共同特征所形成的一致或者相似的模式（Pattern）或构象（Constellation），这种模式可以是个体、团队层面的，也可以是组织或者组织网络层面的（Meyer，1993）。将构型理论纳入管理研究有助于将大量数据压缩为可见的理论，换言之，构型背后的理念是从系统的角度理解一系列相关联的元素，将其视为一个整体。因此，基于全局观的构型理论非常适用于解决多维度、多变量的复杂问题。具体地，本章将基于构型理论的模糊集定性比较分析法（fsQCA），探索实践中能够产生高质量创意的开放创新社区类型，这是对第五章实证研究的深化，也有助于使研究结论更加贴近管理实践。

第二节　研究设计

一、研究方法

本章采用模型集定性比较分析方法来探索产生高质量创意的开放创新社区类型。费斯（Fiss，2007）在《美国管理学会评论》（AMR）发表的理论文章中，明确提出 fsQCA 非常适用于解决构型类研究问题。在此之后，定性比较分析方法逐渐地引入了组织管理研究领域。fsQCA 采取整体的（Holistic）的视角，开展案例层面（Case-oriented）比较分析。它并不将案例分解为分析性的、不同的变量来估计单个变量的净效应，而是将每个案例视为各个条件变量“构型”，采取布尔代数和集合论的方法，检验某一结果（如高质量用户创意）和所有可能的预测变量组合（创新氛围、互动氛围、控制氛围、创新任务类型）之间的关系，并提供了导致相同结果的变量（条件）的不同组合。相比传统的回归分析方法，fsQCA 更适用于本章的研究问题。

（1）fsQCA 有一定优点。基于扎根理论的探索性研究表明，OIC 创新氛围、互动氛围和控制氛围之间存在着交互作用，且创新任务类型可能在社区氛围和创意质量之间发挥调节作用。当回归分析能够处理的交互效应超过 3 项时，已经无法解释。而以集合论和布尔运算为基础的 fsQCA 能够探究前因条件之间的交互作用（包括互补、替代和抑制）如何共同作用导致被解释结果出现变化，而非某个条件的净效应。

（2）fsQCA 方法比较适合处于新兴领域的研究议题（Ragin，2000）。开放创新社区研究作为一个新兴领域，特定领域的 OIC 数量是较少的，并且也缺乏完善的数据库系统。相比需要大样本数据的回归分析，fsQCA 方法十分适用于小样本数据。一般而言，案例样本数达到 10 个以上即可采用 fsQCA 方法，因而 fsQCA 方法适用于开放创新社区的研究。

（3）fsQCA 方法结合了定性分析与定量分析各自的优点。传统定性分析聚焦于案例的整体和深入分析，但外部推广度差；定量研究聚焦于从大样本中发现可推广的模式（pattern），但对个案的独特性和深度分析不够（杜运周，贾良定，2017）。fsQCA 方法可以开展大样本的分析，并在案例层面上开展条件构型的整体分析，为深入挖掘开放创新社区的特征带来了便利条件。

综上，本书基于之前研究探索得到的 OIC 创新氛围、互动氛围和控制氛围、创新任务类型为前因变量，遵循提炼前因条件—案例数据收集—变量校准—构建真值表—构型分析的 fsQCA 一般程序，探索有利于产生高质量用户创意的社区构型。

二、数据来源

一个创意属于核心/周边创新任务取决于具体的创新领域，在不同的领域比较不同创意的核心程度是较为困难的。因此，选择某个特定产品领域的社区作为案例样本，不仅对核心/周边创新任务的测量更为准确，也能极大地简化工作量。鉴于此，本研究选择消费电子领域的开放创新社区作为研究对象。一方面是由于消费电子产品较为模块化和结构化，判别一个创意属于核心或周边系统较为容易；另一方面，与其他领域的社区相比，消费电子领域的开放创新社区的数量相对较多。由此，本书以第五章实证研究中所调查的 20 个消费电子领域的开放创新社区为案例样本，数据通过实证研究采集而来（数据收集程序在第五章中已作了详细说明，在此不再赘述）。共得到有效问卷 549 份，用户创意 2730 个，详细信息见表 6. 1。

表 6. 1　案例样本特征

编号	社区名称	主导企业	问卷数量/份
1	锤子科技官方论坛	锤子科技（北京）股份有限公司	61
2	小米社区官方论坛	小米科技有限责任公司	56
3	MIUI 官方论坛	小米科技有限责任公司	45
4	海尔 Hope 开发创新平台	海尔集团公司	37
5	盖乐世社区	三星（中国）投资有限公司	36

续表

编号	社区名称	主导企业	问卷数量/份
6	华为产品定义社区	华为技术有限公司	36
7	一加手机社区	万普拉斯科技有限公司	34
8	VIVO 智能手机 v 粉社区	维沃移动通信公司	32
9	海尔众创意	海尔集团公司	31
10	OPPO 手机官方社区	OPPO 广东移动通信有限公司	31
11	华为花粉俱乐部	华为技术有限公司	25
12	联想手机官方社区	联想移动通信科技有限公司	20
13	机锋论坛	北京机锋科技有限公司	20
14	魅族 Flyme 社区	魅族通信设备有限公司	19
15	努比亚手机牛仔俱乐部	努比亚技术有限公司	15
16	SONY 之家手机论坛	索尼移动通信产品（中国）有限公司	13
17	威锋 iPhone 论坛	深圳聚领威锋科技股份有限公司	11
18	HTC 官方社区	宏达通信有限公司	10
19	ZTE 中兴社区	中兴世讯股份有限公司	9
20	美的开放式创新平台	美的集团股份有限公司	8

OIC 创新氛围、互动氛围和控制氛围的数据是通过问卷得来的。开放创新社区氛围量表的信度和效度已在之前章节中得到了验证。基于 20 家开放创新社区的 549 份问卷数据，本研究进一步通过 Cronbach'α、AVE、验证性因子分析等工具和指标检验问卷数据的信效度（程序与第五章相同），各项结果指标均显示问卷具有良好的信效度。

三、变量选取、测量和校准

fsQCA 方法计算得出的构型将随着原因变量的增加呈指数型增长趋势，而在案例数固定的情况下，构型越多，缺乏对应案例构型的情况也将越多，导致有限多样性的问题。因此一般而言，使用 fsQCA 方法的原因变量在 3~8 个较为合适（Ragin，2009）。鉴于此，在探索性研究和理论分析的基础上，本章选择 OIC 创新氛围、互动氛围、控制氛围和社区规模作为原因变量，选择核心系统创意质量和周边系统创意质量作为结果变量。

为了符合 fsQCA 方法的运算法则，还需在各变量进行赋值的基础上进行校准（Calibrating）。未经校准的变量只能显示案例之间的相对位置，例如，在未经校准的社区氛围测量下，研究可能发现某个社区比另外一个社区的创新氛围更浓厚，但仍然无法知道这个社区是否属于"高创新氛围"社区。模糊集的校准使用与数据无关的理论和实际标准，并考虑研究的概念化、定义和标签。最终结果是对案例的隶属度进行细粒度校准，分数从 0.00~1.00。各项变量的测量和校准规则如下。

（1）OIC 创新氛围（INNO）。创新氛围反映了社区倡导创新和社区中用户参与创新的积极程度。本研究以李克特 5 点量表获取 OIC 创新氛围数据，并计算各个社区包含的问卷的均值。进一步地，借鉴池毛毛等（2017）的问卷数据校准方法，将完全隶属的阈值设定为"5"，完全不隶属的阈值设定为"1"，分界线为"3"。通过这 3 个阈值的设定，fsQCA 3.0 软件将值转换为 0.00-1.00 的集合隶属度。

（2）OIC 互动氛围（INTE）。互动氛围反映了社区中用户同侪之间、用户与社区之间交流的活跃程度。本研究以李克特 5 点量表获取 OIC 创新氛围数据，并计算各个社区包含的问卷的均值。同样地，将完全隶属的阈值设定为"5"，完全不隶属的阈值设定为"1"，分界线为"3"。通过这 3 个阈值的设定，fsQCA 3.0 软件将值转换为 0.00~1.00 的集合隶属度。

（3）OIC 控制氛围（CTRL）。控制氛围是指管理者介入社区，对社区活动、创意竞赛和用户行为进行主动的干预和管控。使用第五章中获取的 OIC 控制氛围数据，并计算各个社区包含的问卷的均值。同样，将完全隶属的阈值设定为"5"，完全不隶属的阈值设定"1"，分界线为"3"。通过这 3 个阈值的设定，fsQCA 3.0 软件将值转换为 0.00~1.00 的集合隶属度。

（4）社区规模。社区规模表示社区注册和访问用户的数量。鉴于数据的可获得性，本研究将社区的日均访问量（2017 年 10 月—2018 年 1 月）作为社区规模的测量。将完全隶属、分界点和完全不隶属3个锚点分别设定为样本数据的上四分位数、平均值以及下四分位数，即315 000、153 000和33 000。通过这3个阈值的设定，fsQCA 3.0软件将值转换为0.00~1.00的集合隶属度。

（5）社区经验。社区经验表示社区运行和管理的经验。鉴于该指标没有成熟的量表可以测量，本研究选取社区成立的年限作为社区经验的代理变量。社区成立时间越久，则该社区对生成内容、组织竞赛和管理用户的管理经验越为丰富。首先获取了20家社区的成立年份，并用当前年份减去成立年份，作为社区经验的测量。同样地，将完全隶属、分界点和完全不隶属3个锚点分别设定为样本数据的上四分位数、平均值以及下四分位数，即8、6和4。通过这3个阈值的设定，fsQCA 3.0软件将值转换为0.00~1.00的集合隶属度。

（6）核心/周边系统创意质量。加蒂尼翁等（2002）认为由于产品是由层次有序的子系统或模块组成的，其中一些子系统将比外围的子系统对产品更加重要，因此核心子系统和外围子系统创新的表现是不同的。核心子系统与其他子系统的联系更紧密，与其他部分相互依赖并且与产品的战略性能参数相关。因此，核心子系统是战略瓶颈。相比之下，外围子系统与其他系统的耦合较弱或相互依赖程度较低，并且/或与战略性能无关。核心子系统的变化将对整个产品产生级联效应，而外围子系统的变化对整个系统的影响最小。

参考加蒂尼翁等（2002）对产品核心系统和周边系统的定义，并借鉴汪涛（2010）对产品核心和周边系统的操作性划分方法，本研究将消费电子产品创新社区中的核心/周边系统创意划分如下：硬件系统（处理器、存储器、输入输出设备等）、通讯和数据传输技术、操作系统为核心系统；外观、应用App和其他附加功能为周边系统，具体各个产品领域的划分标准见表6.2。

表 6.2 核心/周边系统创意划分标准

产品领域	核心系统划分标准	周边系统划分标准
手机	硬件系统、通信技术、操作系统	手机外观、屏保设计、界面设计、应用 App 开发、附加功能
白色家电	各类型家电的主要功能以及温/湿度控制、储能节能、杀菌灭菌、减噪降噪、传感器等功能	外观设计、附加功能
3D 打印	机械系统（电机、同步轮、传送带等）、电子系统（系统板、主板、温度控制板等）	软件建模、耗材
机器人	感应系统、人机交互系统、运动控制系统、机械臂等	外观设计、应用编程
无人机	微控制器、传感器、摄像头	外观、支架、螺旋桨、配件、模块式编程
其他	硬件系统（处理器、存储器、输入输出设备等）	外观设计、应用 App 和其他附加功能

基于这一划分标准，由两位消费电子领域的专家将所有创意分为核心系统创意和周边系统创意两类。两位专家各自对所有创意进行评估和划分，专家的编码一致率达到了 0.83%，超过了 0.70 的一般标准。对于两位专家意见不一致的创意，笔者与两位专家进行了讨论，最终达成了共识，从而将所有创意划分为核心系统创意和周边系统创意两类。最终，一个社区中的核心系统创意和周边系统创意得分则为所有这两类创意的平均值。

同样地，将完全隶属、分界点和完全不隶属 3 个锚点分别设定为样本数据的上四分位数、平均值以及下四分位数。核心系统创意质量的 3 个阈值为“4.50、3.70、3.00”，而周边系统创意质量的 3 个阈值为“4.70、3.80、3.20”。最后，通过 fsQCA 3.0 软件将值转换为 0.00~1.00 的集合隶属度。所有变量的校准值见表 6.3。

表 6.3　各项变量的校准标准

变量	阈值		
	完全隶属	中间值	完全不隶属
创新氛围	5	1	3
互动氛围	5	1	3
控制氛围	5	1	3
社区规模	315 000	153 000	33 000
社区经验	8	6	4
核心系统创意质量	4.50	3.70	3.00
周边系统创意质量	4.70	3.80	3.20

第三节　fsQCA 数据分析结果

一、描述性统计分析

对所收集数据集进行描述性统计分析，结果见表 6.4。从结果可以看出，社区中核心系统创意质量比周边系统创意质量更高（4.09>3.57），这一方面反映了核心系统的创新更难，也说明大部分用户更擅长周边系统的创新（外观设计、App 功能改进）等。创新氛围、互动氛围、控制氛围与至少一种（核心或周边）创意质量有显著的相关关系，初步说明社区氛围是创意质量的预测变量。社区经验与核心/周边创意质量的关系都不显著，说明社区成立时间越长，其产生的创意质量不一定更高。社区规模与核心/周边创意质量的关系都不显著，说明社区注册用户虽然越来越多，但其产生的创意质量不一定更高。然而社区规模、社区经验是否与社区氛围发挥了交互作用，尚需要进一步的分析。

表 6.4 描述性统计和相关矩阵

		1	2	3	4	5	6	7
1	创新氛围							
2	互动氛围	0.38*						
3	控制氛围	0.61**	0.23					
4	社区规模	-0.10	0.54*	0.05				
5	社区经验	0.09	0.35	-0.13	0.43*			
6	核心系统创意质量	0.78***	0.24	0.62**	0.00	0.27		
7	周边系统创意质量	0.58**	0.45**	0.59**	0.27	0.12	0.51**	
均值		3.61	3.97	3.44	153000	6.38	3.57	4.09
标准差		0.75	0.62	0.67	150000	4.80	0.78	0.55

二、单项前因变量的必要性分析

为了检验本章选取的 5 个变量（创新氛围、互动氛围、控制氛围、社区经验和社区规模）是否均为引起结果变化的原因，即为条件变量，需要对单项前因条件及反面条件（表示该条件不存在）是否构成结果变量的必要条件进行检验。运行 fsQCA 3.0 软件中的“Analyze-Necessary Condition”程序，结果见表 6.5。首先，所有单项前因变量对结果变量（核心系统高质量创意和周边系统高质量创意）均不构成充分必要条件。其次，结果显示，社区经验对核心/周边系统高质量创意的充分性和必要性均低于 0.60，说明其对创意质量的解释力度较低，因此在后续研究中删除该变量。再次，从充分性看，创新氛围是核心系统高质量创意的近似充分条件（一致率接近 1.00）。最后，从必要性看，除社区经验变量之外，其余变量对至少一个结果变量中的覆盖率大于 0.60，说明对结果变量均有一定的解释力。并且，所有变量的覆盖率均小于 1.00，说明任何一个变量都无法单独解释结果变量，需要进一步展开条件组合构型分析。

表 6.5　单项前因变量的必要性和充分性检验

前因条件	前因条件的充分性：一致率（Consistency）		前因条件的必要性：覆盖率（Coverage）	
	核心系统高质量创意	周边系统高质量创意	核心系统高质量创意	周边系统高质量创意
INNO	0.93	0.80	0.68	0.97
~INNO	0.19	0.19	0.38	0.64
INTE	0.77	0.50	0.82	0.89
~ INTE	0.36	0.59	0.30	0.81
CTRL	0.77	0.94	0.49	0.99
~ CTRL	0.37	0.28	0.58	0.72
SCA	0.55	0.66	0.49	0.94
~SCA	0.56	0.42	0.62	0.80
EXP	0.51	0.59	0.60	0.58
~ EXP	0.59	0.46	0.23	0.43

注：“INNO”“INTE”“CTRL”“SCA”和“EXP”分别指社区创新氛围、互动氛围、控制氛围、社区规模和社区经验；“~”指逻辑非。

三、条件构型组合分析

根据单项前因变量的必要性分析结果，以“创新氛围”“互动氛围”“控制氛围”和“社区规模”为条件变量，分别以“核心系统高质量创意”和“周边系统高质量创意”为结果变量，在 fsQCA 3.0 软件中运行“Analyze-True Table Algorithm”程序，进行真值表运算以得到所有能导致结果的前因条件组合。fsQCA 3.0 软件会给出所有潜在构型的真值表（2^k 行，k 为前因变量的个数），研究者需要设定两个门槛值，以筛选出可以充分解释结果的前因变量构型：一是案例数门槛值。本研究所选取的案例数为 10~50，属于小样本，因此案例数门槛值设定为 1.00（王节祥，2017），即只要该构型的案例出现过一次，便视为有效案例。二是一致性（Consistency）门槛，代表了该构型对结果的解释力度。按照惯例，本研究将一致性门槛值设定为 0.80。然后，运行 fsQCA 3.0 软件中的“Standard Analyses”程序，可以得到复杂解（Complex Solution）、简洁解（Parsimonious Solution）和中间解（Intermediate Solution）3个结果。由于现实世界几乎不可能出现所有逻辑上可能的因果条件组合，基于这种“有限多样性”的事实，fsQCA采用了“反事实分析”，即通过理论和经验判断干预分析过程，使求出的解在复杂性上有所降低。这里使用到的“反事实分析”包括简单反事实分析和困难反事实分析。只采用简单反事实分析的结果是中间解（包含与结果变量有较弱因果关系的辅助要素）；采用困难反事实分析和简单反事实分析的结果是简洁解（包含与结果变量有高因果关系的核心要素）。一般地，研究需要结合中间解和简洁解得到引发结果的核心要素和辅助要素。其中，核心要素是本质的、必须的，而辅助要素则是因果关系相对较弱的，可以被替换的。

（一）核心系统高质量创意的社区构型

按照上述步骤，以核心系统高质量创意为结果变量，得到可以实现结果的条件组合构型。按照拉金（Ragin，2000）的建议，可用符号直观地表示各个条件出现与否：●表示核心条件出现，•表示辅助条件出现，⊗表示核心条件不出现，⊗表示辅助条件不出现（后同）。由表6.6可以看出，实现核心系统高质量创意的社区有两类，构型Ⅰ为高创新氛围和高控制氛围、互动氛围较低且规模较小的社区；构型Ⅱ为高创新氛围、较好互动氛围和一定规模的社区。两种构型的一致率均超过了0.80，表明对结果变量的解释力度较好。并且，两种构型总体覆盖率为0.75，总体一致率为0.91，均超过了0.75的阈值。

表6.6 实现核心系统高质量创意的社区构型

条件变量	构型	
	Ⅰ	Ⅱ
创新氛围	●	●
互动氛围	⊗	•
控制氛围	●	
社区规模	⊗	•
原始覆盖率	0.45	0.34

续表

条件变量	构型	
	Ⅰ	Ⅱ
唯一覆盖率	0.41	0.30
一致率	0.95	0.84
总体覆盖率	0.76	
总体一致率	0.91	

(二) 周边系统高质量创意的社区构型

以周边系统高质量创意为结果变量，得到了两条可以导致结果出现的社区构型，见表6.7。这两种社区构型均强调较强的互动氛围：构型Ⅲ为高互动氛围且规模较大的社区，控制氛围可有可无；而构型Ⅳ则为高互动氛围，而其他条件均为辅助性条件（与结果的关系较弱）。这两种社区构型的一致率分别为0.99和0.98，说明对结果的解释力度非常好。总体覆盖率为0.59，总体一致率为0.99，说明除了这两种构型之外，还存在其他原因导致了结果的出现（总体覆盖率较低），但是当这两种构型的社区出现时，就有极大的可能导致结果出现（总体一致率较高）。

表6.7 实现周边系统高质量创意的社区构型

条件变量	构型	
	Ⅲ	Ⅳ
创新氛围	•	•
互动氛围	●	●
控制氛围		•
社区规模	●	•
原始覆盖率	0.37	0.43
唯一覆盖率	0.03	0.10
一致率	0.99	0.98
总体覆盖率	0.59	
总体一致率	0.99	

（三）低质量创意的社区构型

将一个社区的创意质量设定为核心系统创意质量和周边系统创意质量之和，在 fsQCA 3.0 软件中以“Negated”创意质量为结果变量，分析低质量创意的社区构型。结果发现 3 种构型，见表 6.8。3 种构型的总体覆盖率和一致率分别为 0.80 和 0.93，解释了大部分社区不能产生高质量创意的原因。具体地，这 3 种社区分别为：构型Ⅴ为低创新氛围、低互动氛围和低控制氛围的社区，显然这样的社区是无法吸引用户并促使其产生高质量创意的。构型Ⅵ为规模较大但是缺乏互动和创新氛围的社区，这类社区往往是由知名企业建立的产品社区，因此能够吸引较多的用户加入；然而，由于缺乏创新激励和合理的社区运营，用户缺乏持续参与的意愿，逐渐变为了“僵尸社区”，因而无法产生高质量的创意。构型Ⅶ为规模较大，互动氛围较好，但是缺乏创新氛围和控制氛围的社区，这类社区中的用户在社区中有较多的互动，然而由于缺乏创新引导和行为控制，用户的交流内容多与创新无关，而产生了大量的“离题内容”，因此社区中的整体创意质量也无法得到保证。

表 6.8　低质量创意的社区构型

条件变量	构型		
	Ⅴ	Ⅵ	Ⅶ
创新氛围	⊗	⊗	⊗
互动氛围	⊗	⊗	•
控制氛围	⊗		⊗
社区规模		●	●
原始覆盖率	0.57	0.43	0.15
唯一覆盖率	0.25	0.10	0.23
一致率	0.99	0.99	0.88
总体覆盖率	0.80		
总体一致率	0.93		

第四节 研究发现与讨论

根据构型分析结果，对能够产生高质量创意的社区构型展开进一步讨论。在创新氛围、互动氛围、控制氛围和社区规模多个因素的复杂作用下，能够在核心和周边系统领域产生高质量创意的社区分为两种不同的主要构型：①能够产生核心系统高质量创意的社区强调创新氛围，即构型Ⅰ和构型Ⅱ。这可能是由于核心系统领域的创新需要大量的知识、资源和企业的支持，因此需要社区有较强的创新导向。②能够产生周边系统高质量创意的社区强调互动氛围，即构型Ⅲ和构型Ⅶ。周边系统的创新并不需要用户具备较多的基础知识，很多周边系统创新与用户的需求相关（如外观要求、辅助功能需求等），这些需求通过用户之间的交流表达出来，因而需要社区具备较强的互动氛围。具体地，按照Ⅰ、Ⅱ、Ⅲ和Ⅳ类社区的特点，分别将其命名为限定任务社区、领先用户社区、同侪互动社区和开放竞赛社区，其具体特征如图 6.1 所示。

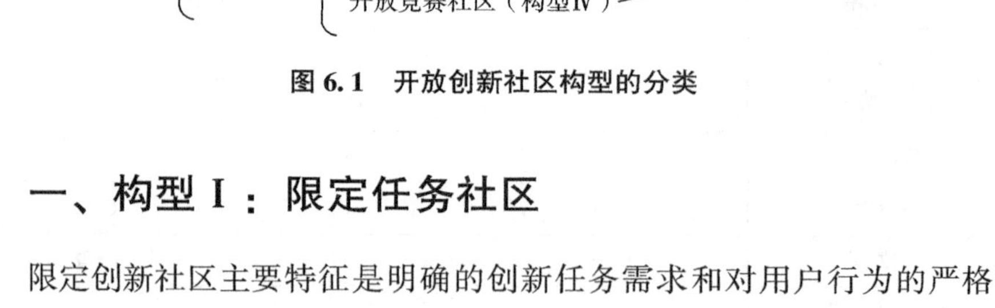

图 6.1 开放创新社区构型的分类

一、构型Ⅰ：限定任务社区

限定创新社区主要特征是明确的创新任务需求和对用户行为的严格限制。首先，该类社区通常具有明确的目标——为企业创新提供外部支持。并且，社区限定了创新活动的方向和边界：社区内的创新活动都是在企业总体创新战略的范畴内进行的，大多与企业现有的产品或服务相关。企业通常会在社区中大量发布与现有产品和服务相关的任务需求，积极寻求外部用户的创意。同时，企业也会为用户提供创新资源支持，以促进用户创意的生成和转化。其次，该类社区对用户进行详细的筛选、监督和行为规制。加入社区的用户必须经过“资格认证”，通过知识技能考核才有资格成为社区的注册成员；用户在社区中不能够产生与创新无关的行为和内容。由于明确的创新导向和严格的行为控制，加入社区的用户大多为某个领域的专家，社区维持了“小而精”的发展策略。在明确的创新方向指引（特定的产品需求）和资源支持（知识库、企业合作等）下，专家用户往往能在需要大量知识积累的核心系统领域产生高质量的创意。这也从一个侧面印证了科因等（Coyne et al.，2007）的研究，即与无焦点的搜索相比，设定创新和创意的边界会增加而不是减弱创造力，创造性想象力在面对明确理解的约束时更为有效。

限定任务社区的一个典型案例是海尔 HOPE 开放创新社区。HOPE 社区提出了明确的创新口号——“世界就是我的研发部”，并积极搜集各类“创新情报”与用户共享。企业在社区中大量发布创新需求信息，以寻找潜在的解决方案或线索（高创新氛围）。同时，所有创新需求都与海尔产品相关，回应创新需求的用户必须经过企业的多项资格审查，以确保该用户具有相应的资格。除了提交解决方案或线索之外，用户在社区中不能主动地发布内容，只能被动地浏览企业发布的创新课题和项目（高控制氛围）。在 HOPE 社区中只存在“用户—企业”的单向交流，即企业发布需求—用户提交创意，而不存在用户与用户之间的同侪互动（低互动氛围）。简言之，HOPE 社区可以看作是实现企业需求和用户创意的一站式服务对接平台，这样的社区氛围只能吸引少数专家型用户加入，而多数的一般用户则不会加入该社区（低社区规模）。在专家用户和企业的合作下，HOPE 社区实现了每年解决 500 多个创新课题，支撑 60 多种上市新品的高效创新绩效。

二、构型Ⅱ：领先用户社区

该类社区的主要特征是产品创新活动大多是用户自主的行为，而并非源于企业的引导。与限定任务社区相比，领先用户社区中企业对社区的介入和干预很少，社区中最活跃的主体是某个领域的领先用户。与一般的社区不同，领先用户社区中的大多数用户都对技术有强烈的兴趣，渴望在社区中获取某种产品或技术的相关知识。由于领先用户具有较强的创新动机，在他们的引领下，社区中的创新氛围非常浓厚。并且，领先用户掌握着丰富的专业知识和产品使用经验，能够准确判断市场需求发展趋势，提供有价值的新产品设想和原型设计。因此，他们有能力在核心系统领域进行创新。同时，社区提倡分享精神，领先用户会将自己的创新和创意免费在社区中展示和分享，同时也会得到社区其他用户的大力支持，例如，进一步明确需求、提供技术诀窍、市场反馈和物理资源等（Hienerth & lettl, 2012)，这样的交换并非基于正式的契约，而是基于信任、共享规范和价值的关系契约。这种理念也被称为“创客精神”，即开源与分享。由于领先用户的强烈创新动机和系统的创新知识，加以其他用户的分享和协助，社区中产生了大量高质量的核心系统创意。

领先用户社区的一个典型案例是 DF 创客社区。DF 创客社区的核心使命是“Empower Creation”，帮助创造者们更好地创造是社区的核心价值。社区通过提供各类创新的工具和内容（产品资料库、技术教程、创客比赛、创客资讯等)，让全球创客们能更容易将创意变成现实（高创新氛围)。同时，创客精神在 DF 社区中有大量的体现。DF 社区号召提倡“分享创造的喜悦”，社区用户会把自己的研究成果传到社区免费分享和展示，并吸引志趣相似的用户与其进行协作和交流（高互动氛围)。由于用户具有相似的目标、背景和知识结构，社区对用户的管理相对容易，并不需要对用户进行严格的行为监督，社区也不会对用户创意构思的范围进行控制，任何新奇的点子都被鼓励去实现（低控制氛围)。从创立以来，DF 社区已经完成了 600 个自主研发的产品，在 Arduino 开源电子原型平台、机器人、3D 打印、IOT 物联网方面创造了大量的原型产品。

三、构型Ⅲ：同侪互动社区

同侪互动社区是由海量用户群体构成的、以互动交流为目的的社区。

同侪互动社区的主体是某个品牌或产品的“粉丝”和忠实追随者，他们在社区中踊跃地参与各种互动和交流。然而与领先用户社区不同，同侪互动社区中的多数用户并没有较强的创新动机，他们加入社区的主要目的是娱乐、交友、交流情感和获得认同。用户对社区集体有强烈的认同感和归属感，他们在社区中更多地扮演“关系维护者”和“氛围活跃者”的角色，类似于富勒等（2014）提出的“沟通者”（Communicator）和“社交者”（Socializer）。与创新相比，大多数用户对社交更感兴趣，他们热衷于与其他社区成员交流，通过对话建立联系，与其他用户、社区管理者和企业官方有较多互动，然而并没有真正地参与提出问题、解决问题的创意活动。他们对激活、汇集和传播创新思想有促进作用，但是本身并不具有较强的创新性。因此，同侪互动社区有较强的互动氛围，但是创新氛围并不浓厚。囿于较低的创新动机和创新知识，核心系统的创新在此类社区中很少出现。在该类社区中，大多数创意都围绕产品的周边系统展开，以用户未满足的需求的形式出现，如提出期望的功能、对现有产品提出改进意见等。

同侪互动社区的一个典型案例是小米社区。小米社区是“米粉”的大本营，小米粉丝们在社区中交流玩机心得，了解小米动态、参与活动互动等（高互动氛围）。良好的互动环境吸引了大量“米粉”的加入，平均每天签到人数大约在5万人（高社区规模）。社区中与娱乐和周边相关的板块则较为活跃，如“酷玩帮”“橙色跑”“摄影帮”“同城会”等。而与创新相关的板块则仅集中在“创意集市”，然而该板块并不活跃，也并非社区的主打板块（低创新氛围）。用户提出的创意大多是外观设计、附加功能建议、App应用和Bug反馈等周边系统的创新。由于较大的用户基数，社区每周都能收到大量的产品改善意见。在用户反馈的推动下，小米的MIUI系统实现了每周一次的迭代式创新。

四、构型Ⅳ：开放竞赛社区

开放竞赛社区是由企业发布创意竞赛任务，用户进行参与的社区类型。与限定任务社区的区别在于，开放竞赛社区中的参与门槛较低，广大用户均可以参与到社区中来。用户参与的主要目的是获取奖励，一旦完成任务，许多用户就会离开社区，因此开发竞赛社区中的用户大多是“即来即去”型的。社区中的互动主要是竞赛系统中用户对创意的投票和评论。社区通常设立同侪评审系统，任何用户都可以对有吸引力的创意和想法进行投票，或指出其他用户创意的缺陷和不足。海量的用户环境为改进现有倡议缺陷提供了基础，因为问题可以从许多不同的角度来看待。正如雷蒙德（Raymond，1999）的名言：“如果有足够多的眼球，所有的 Bug 都是易于发现的”。在这样的社区环境下，渐进、累计性的周边系统创新得以实现。

开放竞赛社区的一个典型案例是美的开放创新平台。美的开放式创新平台“致力于激活互联网上的创新力量”，提出了“你我的创意工坊”的口号，其基本运行模式是“利用大众的智慧促进创意的转换，大众发布创意，大众来评议完善，企业实现创意的孵化”。社区中定期举办各类创意活动和项目，采用物质激励吸引用户参与。社区设立了投票系统，以展示和评选最优创意。每个用户都可以在创意下进行投票和评论，每月/周社区都会评选出得票最高的创意和评论最多的个体，如“本周排名 TOP5”“评论达人”等（高互动氛围）。由于创意能够得到丰厚的回报，社区吸引了大量的用户加入，日均访问量达到了 2.43 万人次（高社区规模）。这使得社区的用户构成较为多样化。社区需要对用户加以管理和控制：不仅需要限定创意活动的范围，同时要求用户只能参与与创新竞赛相关的活动，不能发表无关内容（高控制氛围）。在企业的引导下，社区得到了大量与外观设计、产品配件等相关的创意（周边系统高质量创意）。

第七章

研究结论、贡献与展望

第一节　主要结论

本研究围绕“开放创新社区氛围如何影响用户创意质量”这一核心问题，从用户所处的社会情境——社区氛围的角度出发，探索3种具体的社区氛围（创新氛围、互动氛围和控制氛围）对用户创意质量的影响机制，以及不同类型的社区氛围是如何交互作用，从而贡献于核心/周边系统的创意质量。具体衍生出3个子问题：一是如何界定开放创新社区氛围的内涵，并对其进行准确的测量；二是社区氛围是否会对用户创意质量产生影响，且其具体作用机制是怎样的；三是在实践中有哪些能够获取高质量用户创意的社区构型，这些社区的氛围特征是怎样的。

基于以上3个子问题，本研究首先通过扎根理论的方法对社区氛围和用户创意质量的关系进行探索性研究，得到了二者关系的初步框架；通过因子分析技术开发了社区氛围的测量量表，实现了该构念的操作化测量。其次，在此基础上，提出了“社区氛围—用户就绪—用户创意质量”的研究假设，并利用层级线性回归方法，检验了社区氛围对用户创意质量的影响机制。最后，基于构型理论，探索和分析了能够在核心/周边系统获得高质量用户创意的社区构型。具体研究结论如下。

第一，开放创新社区氛围一个是二阶构念，包括创新氛围、互动氛围和控制氛围3个维度。

利用扎根理论方法对质性资料的分析发现，社区氛围是成员对社区中重复出现的态度、实践和行为模式的共同感知。当同一个社区中的成员对社区具有相似的感知时，这些共同感知便汇聚成了社区氛围。社区氛围具有相对稳定性的特点，它使成员理解什么是社区所支持和鼓励的，因而能够潜在地影响成员的动机和行为。这一定义明确了社区氛围的内涵和边界。在此基础上，本研究进一步通过归纳和演绎题项、内容效度判别、因子分析等技术开发了社区氛围的量表，结果表明开放创新社区氛围是一个二阶构念，包括创新范围、互动氛围和控制氛围3个维度。这一点与组织氛围不同，现有研究多将组织氛围其视为一阶构念（Patterson，2005）。具体地，创新氛围是指社区环境支持创新和创造力的程度，它体现了开放创新社区活动的“目的”，即促进用户更多地创新，产生更多的新产品创意；互动氛围是指社区中用户与用户、用户与平台之间的互动活跃程度，互动氛围反映了社区活动开展的“形式”，即创新主要是通过用户之间的相互交流、沟通和反馈产生的；控制氛围则反映了创新发生的“情景”，即创新是在非正式化组织中进行的，社区需要运用正式的战略、流程及规则控制和管理用户和创新活动。本研究利用规范的量表开发程序得到了社区氛围的操作化测量工具，为进一步的社区氛围相关研究奠定了基础。

第二，社区氛围对用户创意质量有正向影响，并且用户就绪发挥了中介的作用。

本研究验证了社区创新氛围、互动氛围和控制氛围对用户创意均有显著的正向影响。一方面，这一结果说明社会环境对个人创造力具有重要影响，从而印证了阿马比尔（1996）提出的经典创造力理论；另一方面，研究发现不仅开放性的社区氛围（创新氛围、互动氛围）有助于提升用户创意质量，约束性的社区氛围（控制氛围）同样有助于提升用户创意质量。这一发现与阿马比尔等的结论不符，他认为约束性组织氛围（如正式的管理结构、固定的工作任务等）会阻碍创造力。造成不同结论的原因可能是由于研究的情景不同。在网络环境中，社区用户具有多样化的背景、动机和知识结构，其构成更加松散。如果缺乏正式的规制和引导，可能会导致社区的混乱无序。控制氛围能够维护社区的正常运营，净化交流空间，引导用户行为，从而有助于用户将注意力聚焦到创意活动中来，产生更高质量的创意。此外，研究还证实了用户就绪在互动氛围和用户创意质量之间、控制氛围和用户创意质量之间起到中介作用。这说明互动氛围和控制氛围都有助于提升用户对贡献创意的准备状态（用户就绪程度），从而使其产生高质量创意。这一结论也印证了环境心理学的 S-O-R（刺激—有机体状态—反应）理论，即人的内在状态（意识、记忆和思维水平等）是联结外界环境和自身行为的中介环节（Mehrabian & Russell，1980）。

第三，创新导向的社区构型有助于获取核心系统高质量创意，而互动导向的社区构型有助于获取周边系统高质量创意。

利用 fsQCA 方法，本研究识别出了能够获取高质量创意的两种基本社区构型：创新导向型社区（限定任务社区、领先用户社区）和互动导向型社区（同侪互动社区、开放竞赛社区）。创新导向型社区更加聚焦于创新任务，用户具有更高的创新技能，并且社区对创意方案的范围和方向的规定更加明确；互动导向型社区中的活动相对分散，社区对用户的干预较低，有较多与创新无关的互动。这两种社区分别有助于获取核心系统和周边系统的高质量创意。这是因为，复杂系统涉及大量高度相互依赖的元素、选择和知识集，任何子元素的微小改变都会引起整个系统的显著变化，因而解决复杂问题需要：①专注的努力；②对问题解决路径的一定理解；③良好的组织（Kauffman，1993）。创新导向型社区的管理者对知识搜索路径进行了一定的限定，如在创意竞赛中规定“项目背景、必备的知识基础、需求参数、考虑的方向”等，甚至会对该模块创新的一般技术原理做详细说明（参考海尔创新大赛）。这有助于缩小用户努力的范围，从而提升产生高质量核心系统创意的可能性。这也符合费林（Felin，2014）的看法：当企业引导用户在复杂系统领域进行创新时，使用“理论指导的搜索”（Theory-Guided Search）是较为适合的。而周边系统的创新大多为简单的问题，可以被分解为若干更小的问题并由许多用户独立地进行创新。这种情况更适合大量用户自主地提交、评论和投票的“同侪互动社区”或“开放竞赛社区”（互动型社区）。尤其是这类社区使用了“同侪评阅”系统，既降低了企业筛选的成本，又有助于激励用户贡献更高质量的创意。

第二节　理论贡献

本研究是在开放创新社区的情景下，讨论社区氛围对用户创意质量的影响机制，因此研究所作出的理论贡献分布在组织氛围研究、用户创新理论和开放创新社区研究3个领域。

一、对组织氛围研究的拓展

氛围是“共享的认知策略、实践和程序”，是一个集体所呈现出的共同“无形特征”。以往学者们在组织层面和团队层面对氛围进行了大量研究，并证实了组织/团队氛围对激发创新精神、增强集体承诺和提升工作绩效的巨大作用（Tseng et al.，2009）。然而以往研究大多聚焦于正式的组织和团队，而对非正式集体或“虚拟集体”的氛围研究相对缺乏。开放创新社区恰恰属于这一类“虚拟集体”，具有与正式组织和团队不同的特征：多样化的成员构成、非层级式的组织结构和去情境化的交流方式等（Bertels et al.，2011）。根据情境学习理论，这样的组织形式不利于隐性知识的交流（Lave & Wenger，1991），从而很难进行有效的创新。然而在实践中，开放创新社区产生了大量有价值的创意和创新，为企业贡献了巨大的价值。由此产生了一个合理的假设，即社区中反复出现的行为、态度和知觉营造出了独特的“社区氛围”，为用户在虚拟环境中的创新提供了一个共享的背景和情境，从而促进了用户的尝试、信任、交流和创造行为。然而，目前对开放创新社区氛围的研究还相当匮乏，从而也无法对实践提供有益的指导。

基于此研究缺口，本书从经典的组织氛围和团队氛围研究出发，首先通过扎根研究探索了社区氛围的内涵，并初步将其划分为开放性氛围和控制性氛围两种类型，进而通过规范的量表开发程序，开发了开放创新社区氛围的测量量表。结果表明，开放创新社区氛围是一个二阶构念，包括创新氛围、互动氛围和控制氛围 3 个子构念。创新氛围体现了社区的“目的”，即促进用户的创新互动，这种氛围将开放创新社区与其他类型的社区（如品牌社区、实践社区、互动社区等）区别开来；互动氛围反映了社区中创新活动开展的“形式”，即创新主要是通过用户之间的相互交流、沟通和反馈产生的；控制氛围则反映了创新活动开展的“情景”，即创新活动是在企业和社区的控制、引导和管理下进行的。开放创新社区氛围量表的开发明确了社区的内涵、边界和内部结构，为后续开展对社区氛围的进一步研究提供了基础和借鉴。

二、丰富了用户创新理论

自冯希普尔（1986）提出“用户是创新者”的开创性观点以来，用户创新越来越受到学界的广泛关注，并发展为创新管理领域的“长青”研究主题之一（Antos et al.，2016）。然而，学者们面临的一个主要挑战是以往研究多为验证用户创新的合理性和可行性，然而该领域缺乏理论构建，需要开发一个更连贯的理论框架来解释用户创新的原因、过程和绩效（Boger & West，2010）。理论是一个概念和相关概念之间的因果联系的论据，应包括概念、所提出的关系、机制或原则和边界条件。换言之，理论并非简单的陈述，而是进行解释（陈晓萍，2012）。博格和韦斯特（Boger & West，2010）指出，解决用户创新研究缺乏理论构建的一种可能方案是，利用管理研究中的其他理论视角来探索用户创新问题。

与学者们的倡议相呼应，本研究借鉴组织氛围的相关理论，来探索影响用户创意质量的前因。利用环境心理学中的 S-O-R 理论，提出并验证了“社区氛围—用户就绪—用户创意质量”的理论框架。具体地，该框架是对用户创新绩效前因的重要补充。以往研究中，多从用户个体角度探讨用户创新成功的原因，如用户的人口统计特征（Ogawa & Pongtanalert，2015）、大五人格（Stock et al.，2016）、工程和营销经验（Zhu et al.，2017）、功利和享乐动机（Stock et al.，2015）等。然而，很少有研究考虑了用户进行创新的情景。在 Web 2.0 时代，开放创新社区成为用户交流和分享创新的重要阵地，因此社区环境对用户创意的质量起到不可忽视的作用。因此，本书将社区氛围引入分析框架，考虑开放创新社区的一系列特征（如社区导向、资源支持、互动程度、社区规制等）对用户创意质量的影响，从而弥补了以往用户创新研究重视个体特征而忽视社会情景的缺陷。

三、夯实了开放创新社区研究的基础

目前，关于社区的研究逐渐成为创新管理领域的重要部分，兰达瓦（Randhawa et al.，2016）将“Community”列为开放式创新的3个主要话题之一。以往研究围绕开放创新社区的设计特征、运行模式及其与传统用户创新的区别展开了大量探讨（Hienerth & Lettl，2011）。然而，已有研究聚焦于开放创新社区所具有的共性，因而无法回答一个关键问题，即为什么在实践中一些开放创新社区能够获取大量高质量的创意，而一些开放创新社区则几乎无法为主导企业提供创新支持。何种原因导致了不同社区所呈现出的绩效差异?

基于此问题，本研究遵循迈耶等（Meyer et al.，1993）所提出的构型理论，从整体论视角出发，关注开放创新社区类型与用户创意之间的因果关系。研究发现的主要理论观点是，存在4种能够取得高质量创意的社区构型，即限定任务社区、领先用户社区、同侪互动社区和开放竞赛社区。更具体地，创新导向型社区（限定任务社区和领先用户社区）能够在核心系统获取高质量创意，而互动导向型社区（同侪互动社区和开放竞赛社区）则能够在周边系统获取高质量创意。这一发现不仅解释了不同社区呈现出差异性绩效的原因，也为开放创新社区的讨论提供了概念性基础。未来的研究可以在这4种社区构型的基础上，展开更多的理论研究或实证研究。

第三节 管理启示

第一，主导企业对社区的管理应维持开放与控制的平衡。

尽管开放创新社区越来越多地运用到企业的创新过程中，然而OIC成员构成特征对基于社区的创新产生了“双刃剑”的影响：一方面，社区创新受益于异质性成员的参与，跨领域知识背景的用户加速了创新进程；另一方面，社区成员代表了高度分散的动机、利益和价值观，使其服务于企业创新活动是非常具有挑战性的。因此，主导企业必须处理好社区“开放”与“控制”的微妙平衡，否则会对社区中的创新活动产生不利影响。

通过调查发现，目前大多数开放创新社区较重视营造开放性氛围而对控制性氛围的重视不足。它们通过宣传创新理念、提供资源、开发多种沟通工具、设计激励体系和信任系统等方式，营造支持、鼓励和刺激的社区环境，使社区中的用户参与更为活跃，更多地生成和贡献内容。然而由于缺乏主动的管理控制，社区中产生了大量的“偏差内容”，如无效、灌水、甚至违背社会规范的内容。企业不仅无法从中获取有价值的创意，反而淹没在了数据的“海洋”中。为此，社区必须加以适当的控制和指导，例如通过设立创意征集的边界、设立明确的创意评选标准、制定详细的用户行为准则、对发帖内容进行严格审查等方式，使社区活动与企业的创新目标相一致，并将用户的行为聚焦到特定的创新活动中来。妥善处理社区“开放”与“控制”才能为主导企业带来更有价值创意成果。

第二，企业应创造良好的社区氛围，发挥社区氛围的培育作用，以提升用户就绪度。

开放创新社区由分布式、异质性和非结构化的用户构成，组织结构相对松散，社区内的共同意识相对淡化（廖俊云 等，2016）。这种组织特征使许多社区都出现了用户承诺低下、较低的持续参与和贡献动机等问题，甚至最终导致社区走向失败。并且，作为一种开放式的平台，意味着企业很难通过传统的组织控制手段（如科层式的组织结构、行为控制和结果控制等）管理社区。本书的研究结论指出，企业可以利用非正式的方式，如提供指导（Dahlander et al.，2014）、认可和反馈（Beretta et al.，2018）、增强用户互动（Wu & Fang，2010）、明确社区规范等方式，培育用户的动机、知识和角色认知，提升用户就绪度，以解决上述问题。这些方式的共同点在于其营造出良好的社区氛围，使用户产生被社区所期望、鼓励和支持的心理感知，从而促进社区向预期的方向发展。

具体地，首先，企业可以通过构建良好的创新氛围，增进用户知识的积累。例如，倡导创新、学习和容纳错误的社区文化，创建试错工具、知识库、原型设计工具、语义地图和创新竞赛等方式，都有助于用户从社区中汲取产品知识和使用经验。其次，企业可以通过构建良好的互动氛围，提升用户的创新知识和贡献动机。例如，通过交流论坛、同侪评分系统等方式，加速用户之间的知识共享和转化，并且通过同侪示范效应影响用户的贡献动机。最后，企业还可以通过构建控制氛围增强用户的贡献动机和角色清晰性。如设立一定的准入门槛、等级限制以及明确的社区规范等，使用户清晰哪些行为是社区所鼓励和期望，哪些行为是社区所禁止的，进而明确自身的责任和义务。总而言之，这些工具、手段和方法都有利于通过营造良好的社区氛围，“潜移默化”地提升用户就绪度，使用户更好地服务于企业的创新和创意活动。

第三，企业应构建与创新任务类型相契合的开放创新社区。

在实践中，企业主导的开放创新社区往往承载着两种功能，一是作为平台支持创新活动，二是作为媒介维系用户和企业的情感交流。强调第一种功能的社区可称为“创新导向型”社区，如海尔 HOPE 开放创新平台，以“直接解决企业创新的核心问题”为主要目标；强调第二种功能的社区可称为“互动导向型”社区，如华为花粉俱乐部，旨在“为华为粉丝提供交流与互动高的平台，对粉丝群体进行有效聚合”。这两种类型的社区具有不同的目标、受众、参与动机和设计特性，其所产生的创意绩效也不尽一致：创新导向型社区能够在核心系统获取高质量创意，而互动导向型社区则能够在周边系统获取高质量创意。

因此，企业应首先明确自身的创新目标，进而构建与创新任务相契合的开放创新社区。具体地，当企业要解决核心系统领域的创新问题时，所构建的社区应具有较强的创新氛围，企业对社区活动和内容应加以严格控制；当企业要获取周边系统的创新想法时，所构建的社区应广泛地接纳不同类型的用户，促进用户之间的交流互动，并鼓励用户不受限制地发表创意想法。一个典型的案例是海尔公司，为了在核心系统和周边系统都能够取得高质量创意，分别构建了两个不同类型的社区，一是主要针对“企业创新的核心问题”（核心系统）的海尔 HOPE 开放创新平台，该社区具有明确的创新导向，企业对社区进行控制；二是主要针对工业设计领域问题（周边系统）的“海尔众创意”社区，社区鼓励用户参与回复、评论、点赞、投票、私信等，广泛地征集用户创意。这两个社区分别在核心系统和周边系统取得了高质量创意。

第四节　研究局限与未来展望

尽管本研究力图通过规范的研究方法得到可靠的结论，但是由于开放创新社区的相关研究尚属一个新兴的话题，在案例取样、数据搜集和分析策略等方面都有诸多困难，因而研究可不避免地存在一定的局限性，主要体现在以下 3 个方面。

（1）本书所定义的社区氛围是一个集体层次的构念，测量采用了个体数据聚合的方式。这种测量方式所基于的假设是组织氛围是一个共享构念，源于组织内单位成员共同的经验、态度、知觉、价值观、认知和行为等。然而，在组织氛围研究中还存在另外一种视角，即将氛围视为个体的知觉，强调主观的、个体感知到的组织环境特征，即心理氛围。因此，个体层面的心理氛围（或感知的心理氛围）的测量方法是否与集体层面的社区氛围相同，对用户创意质量的影响如何，本研究并没有进行探讨，未来可就这一问题展开深入挖掘。

（2）本研究中的样本仅限于消费电子领域的开放创新社区，结论可否推广到更为一般的范围，尚需要进一步检验。鉴于电子消费领域的用户创新相对活跃，因而本研究选择了消费电子领域的开放创新社区作为案例样本。然而，在其他领域的开放创新社区（如服务领域、快速消费品领域、时尚设计领域等），其社区氛围的内部结构是否也由创新范围、互动范围和控制氛围 3 个维度构成？各个维度与用户创意质量的关系是否与本研究结论相同？这些问题需要更大范围样本的进一步检验。

（3）本研究的实证研究采用了横截面数据，因而不能对研究变量之间的因果关系作出明确的推断。实际上，社区氛围和用户创意质量可能是相互作用的，即良好的社区氛围有助于提升用户创意质量，而当用户创意质量越高时，社区氛围也越来越好。为了检验社区氛围和用户创意质量之间是否存在相互因果的关系，较好的做法是分时间点多次收集数据，并利用纵贯研究的方法（如结构方程模型中的潜增长模型）推断研究对象随着时间轴的变化模式。

参考文献

卜玉梅，2012. 虚拟民族志：田野、方法与伦理［J］. 社会学研究（6）：217-236.
陈洋，何有世，金帅，2018. 社群氛围能促进成员的冲动性购买吗？——不同氛围成分的作用与影响机制研究［J］. 商业经济与管理（4）：58-69.
池毛毛，赵晶，李延晖，等，2017. 企业平台双元性的实现构型研究：一项模糊集的定性比较分析［J］. 南开管理评论，20（3）：65-76.
程巧莲，尹立国，孙永川，等，2017. 企业主导的创新社区构建：开放式创新的视角［J］. 科研管理（s1）：487-493.
陈晓萍，徐淑英，樊景立，2012. 组织与管理研究的实证方法［M］. 北京：北京大学出版社.
杜运周，贾良定，2017. 组态视角与定性比较分析（QCA）：管理学研究的一条新道路［J］. 管理世界，6：155-167.
崔勋，张义明，瞿皎姣，2012. 劳动关系氛围和员工工作满意度：组织承诺的调节作用［J］. 南开管理评论，15（2）：19-30.
范钧，梁号天，2017. 社区创新氛围与外向型知识共创：内部人身份认知的中介作用［J］. 科学学与科学技术管理，38（11）：71-82.
高伟明，曹庆仁，许正权，等，2017. 伦理型领导对员工安全绩效的影响：安全氛围和心理资本的跨层中介作用［J］. 管理评论，29（11）：116-128.
高変，刘鲁宁，冯玉强，等，2017. 面向 ERP 消化吸收的用户学习及成长路径研究［J］. 科研管理，38（2）：112-124.
顾远东，彭纪生，2016. 组织创新氛围对员工创新行为的影响：创新自我效能感的中介作用［J］. 南开管理评论，13（1）：30-41.

贺爱忠，李雪，2015. 在线品牌社区成员持续参与行为形成的动机演变机制研究［J］. 管理学报，12（5）：733-743.
黄敏学，周学春，2012. 顾客教育、就绪和参与研究：以基金为例［J］. 管理科学，25（5）：66-75.
焦媛媛，付轼辉，刘亚光，2018. 基于扎根理论的产品设计对用户感知的影响机理研究［J］. 管理学报（8）：1205-1213.
焦媛媛，付轼辉，周密，2018. 社会化媒体情境下用户参与创新研究综述［J］. 研究与发展管理，30（3）：121-132.
靳代平，王新新，姚鹏，2016. 品牌粉丝因何而狂热？——基于内部人视角的扎根研究［J］. 管理世界（9）：102-119.
李然，林政，林海伦，等，2018. 文本情绪分析综述［J］. 计算机研究与发展，55（1）：30-52.
李奕莹，2017. 企业开放式创新社区用户贡献与创新管理研究［D］. 济南：山东大学.
李义刚，李海刚，2016. 创新社区成员参与行为与组织采纳的关系研究［J］. 科研管理（s1）：309-317.
廖俊云，黄敏学，彭捷，2016. 虚拟品牌社区成员社会化策略及其影响［J］. 南开管理评论，19（5）：171-181.
刘倩，孙宝文，2018. COI 社区在线交互对用户创意质量的影响——专业成功经验的调节效应［J］. 南开管理评论（2）：16-27.
刘新梅，赵旭，陈玮奕，2017. 流程正式化一定妨碍创造力吗——知识治理与环境不确定性的作用［J］. 科学学研究，35（2）：189-196.
卡麦兹，2009. 建构扎根理论：质性研究实践指南［M］. 边国英，译. 重庆：重庆大学出版社.
秦敏，梁溯，2017. 在线产品创新社区用户识别机制与用户贡献行为研究：基于亲社会行为理论视角［J］. 南开管理评论，20（3）：28-39.
秦敏，乔晗，陈良煌，2015. 基于 CAS 理论的企业开放式创新社区在线用户贡献行为研究：以国内知名企业社区为例［J］. 管理评论，27（1）：126-137.
温福星，邱皓政，2015. 多层次模式方法论阶层线性模式的关键问题与试解［M］. 北京：经济管理出版社.
王海忠，闫怡，何朕鑫，2017. 消费者参与新产品构思对线上社群成员自我-品牌联接和品牌依恋的影响［J］. 管理学报，14（3）：400-413.
王丽伟，田剑，刘德文，2014. 基于网络社区的创新竞赛绩效影响因素研究［J］. 科研管理，35（2）：17-24.

汪涛，何昊，诸凡，2010. 新产品开发中的消费者创意——产品创新任务和消费者知识对消费者产品创意的影响［J］. 管理世界（2）：80-92.

王晓川，陈荣秋，江毅，2014. 网络品牌社群中的创新活动及其前因与后效研究［J］. 管理学报，11（4）：577-584.

王璐，高鹏，2010. 扎根理论及其在管理学研究中的应用问题探讨［J］. 外国经济与管理，382（12）：10-18.

王莉，任浩，2013. 虚拟创新社区中消费者互动和群体创造力——知识共享的中介作用研究［J］. 科学学研究，31（5）：702-710.

王节祥，2017. 互联网平台企业的边界选择与开放度治理研究：平台二重性视角［D］. 杭州：浙江大学.

吴庆松，游达明，2011. 员工心理资本、组织创新氛围和技术创新绩效的跨层次分析［J］. 系统工程（1）：69-77.

夏恩君，赵轩维，2017. 网络众包参与者行为的影响因素研究——基于小米网络众包社区的实证研究［J］. 研究与发展管理，29（1）：10-21.

余菲菲，燕蕾，2017. 创新社区中用户创新的创新效应及意见探究：以海尔 HOPE 创新平台为例［J］. 科学学与科学技术管理，38（2）：55-67.

杨付，张丽华，2012. 团队沟通、工作不安全氛围对创新行为的影响：创造力自我效能感的调节作用［J］. 心理学报，44（10）：1383-1401.

杨光，汪立，2017. 思维定势如何影响创意质量——基于“众包”平台的实证研究［J］. 管理世界（12）：109-124.

杨瑞，2017. 虚拟品牌社群顾客间互动的结构维度探索及测量量表开发［J］. 管理学报，14（1）：111-121.

杨洋，胡茜茜，裴学亮，2017. 基于小米公司案例的品牌社群认同形成机制的模型构建研究［J］. 管理学报（12）：1737-1746.

赵建彬，景奉杰，2016. 在线品牌社群氛围对顾客创新行为的影响研究［J］. 管理科学，29（4）：125-138.

赵玲，鲁耀斌，邓朝华，2009. 基于社会资本理论的虚拟社区感研究［J］. 管理学报，6（9）：1169-1175.

张克一，唐小飞，鲁平俊，等，2016. 基于 C2C 与 B2C 虚拟品牌社区的企业知识创新比较研究［J］. 科研管理，37（12）：65-72.

张晓怿，王云峰，于巍，2016. 特定组织氛围研究述评与展望［J］. 外国经济与管理，38（9）：64-79.

ABRAHAMS A S, JIAO J, WANG G A, 2012. Vehicle defect discovery from social media [J]. Decision Support Systems, 54 (1): 87-97.

ADAMCZYK S, BULLINGER A C, MÖSLEIN K M, 2012. Innovation contests: a review, classification and outlook [J]. Creativity & Innovation Management, 21 (4): 335-360.

ANTONS D, KLEER R, SALGE T O, 2016. Mapping the topic landscape of JPIM, 1984-2013: In search of hidden structures and development trajectories [J]. Journal of Product Innovation Management, 33 (6): 726-749.

AMABILE T M, 1983. Motivation and creativity: Effects of motivational orientation on creative writers [J]. Journal of Personality and Social Psychology, 48 (2): 393-399.

AMABILE T M, 1983. The social psychology of creativity: A componential conceptualization [J]. Contemporary Sociology, 13 (5): 637.

AMABILE T M, HENNESSEY B A, GROSSMAN B S, 1986. Social influences on creativity: The effects of contracted-for reward [J]. Journal of Personality and Social Psychology, 50 (1): 14-23.

AMABILE T M, 1996. Creativity in context: Update to "the social psychology of creativity" [M]. Boulder: Westview Press.

AMABILE T M, CONTI R, COON H, et al, 1996. Assessing the work environment for creativity [J]. Academy of Management Journal, 39 (5): 1154-1184.

ARAL S, WALKER D, 2011. Creating social contagion through viral product design: A randomized trial of peer influence in networks [J]. Management Science, 57 (9): 1623-1639.

BACHARACH S B, 1989. Organizational theories: Some criteria for evaluation [J]. Academy of Management Review, 14 (4): 496-515.

BALKA K, RAASCH C, HERSTATT C, 2014. The effect of selective openness on value creation in user innovation communities [J]. Journal of Product Innovation Management, 31 (2): 392-407.

BALDWIN C, HIPPEL E V, 2011. Modeling a paradigm shift: From producer innovation to user and open collaborative innovation [J]. Organization Science, 22 (6): 1399-1417.

BALACHANDRA R, FRIAR J H, 1997. Factors for success in R&D projects and new product innovation: a contextual framework [J]. IEEE Transactions on Engineering management, 44 (3): 276-287.

BAUER J, FRANKE N, TUERTSCHER P, 2016. IP Norms in online communities: How user-organized intellectual property regulation supports innovation [J]. Information Systems Research, 27 (4): 1-27.

BARCZAK G, GRIFFIN A, KAHN, 2009. Perspective: Trends and drivers of success in NPD practices: Results of the 2003 PDMA best practices study [J]. Journal of Product Innovation Management, 26 (1): 3-23.

BATEMAN P J, GRAY P H, BUTLER B S, 2011. Research note—the impact of community commitment on participation in online communities [J]. Information Systems Research, 21 (2): 841-854.

BAPNA R, UMYAROV A, 2015. Do your online friends make you pay? A randomized field experiment on peer influence in online social networks [J]. Management Science, 61 (8): 1902-1920.

BAYUS B L, 2013. Crowdsourcing new product ideas over time: An analysis of the Dell IdeaStorm community [J]. Management science, 59 (1): 226-244.

BERETTA M, BJÖRK J, MAGNUSSON M, 2018. Moderating ideation in web-enabled ideation systems [J]. Journal of of Product Innovation Management, 35 (3): 389-409.

BERTELS H M J, KLEINSCHMIDT E J, KOEN P A, 2011. Communities of practice versus organizational climate: Which one matters more to dispersed collaboration in the front end of innovation? [J]. Journal of Product Innovation Management, 28 (5): 757-772.

BHARADWAJ S, MENON A, 2000. Making innovation happen in organizations: Individual creativity mechanisms, organizational creativity mechanisms or Both? [J]. Journal of Product Innovation Management, 17 (6): 424-434.

BILGRAM V, BARTL M, BIEL S, 2011. Getting closer to the consumer—how Nivea co-creates new products [J]. Marketing Review St. Gallen, 28 (1): 34-40.

BLOCH P H, 1995. Seeking the ideal form: Product design and consumer response [J]. Journal of Marketing, 59 (3): 16-29.

BJÖRK J, MAGNUSSON M, 2009. Where do good innovation ideas come from? Exploring the influence of network connectivity on innovation idea quality [J]. Journal of Product Innovation Management, 26 (6): 662 - 670.

BREM A, BILGRAM V, 2015. The Search for innovative partners in co-creation: Identifying lead users in social media through netnography and crowdsourcing [J]. Journal of Engineering & Technology Management, 37: 40-51.

CAMPBELL J J, DUNNETTE M D, LAWLER E E, et al., 1971. Managerial behavior, performance, and effectiveness [J]. Professional Psychology, 2 (4): 414-416.

CANDI M, ENDE J V D, GEMSER G, 2015. Benefits of customer co-development of new products: The moderating effects of utilitarian and hedonic radicalness [J]. Journal of Product Innovation Management, 33 (4): 418-434.

CHEN G, YANG S, TANG S, 2013. Sense of virtual community and knowledge contribution in a P3 virtual community [J]. Internet Research, 23 (1): 4-26.

CHEN M H, CHANG Y Y, LO Y H, 2015. Creativity cognitive style, conflict, and career success for creative entrepreneurs [J]. Journal of Business Research, 68 (4): 906-910.

CHEVALIER J A, MAYZLIN D, 2006. The effect of word of mouth on sales: Online book reviews [J]. Journal of Marketing Research, 43 (3): 345-354.

CHINTAGUNTA P K, GOPINATH S, VENKATARAMAN S, 2010. The effects of online user reviews on movie box office performance: Accounting for sequential rollout and aggregation across local markets [J]. Marketing Science, 29 (5): 944-957.

CHOI J N, 2004. Individual and contextual predictors of creative performance: The mediating role of psychological processes [J]. Creativity Research Journal, 16 (2-3): 187-199.

CHRISTENSEN C M, BOWER J L, 1996. Customer power, strategic investment, and the failure of leading firms [J]. Strategic Management Journal, 17 (3): 197-218.

CHU S C, KIM Y, 2011. Determinants of consumer engagement in electronic word-of-mouth in social networking sites [J]. International Journal of Advertising, 30 (1): 47-75.

CHUNG Y, LIAO H, JACKSON S E, et al., 2015. Cracking but not breaking: Joint effects of faultline strength and diversity climate on loyal behavior [J]. Academy of Management Journal, 58 (5): 1495-1515.

COYNE K P, CLIFFORD P G, DYE R, 2007. Breakthrough thinking from inside the box [J]. Harvard Business Review, 85 (12): 70-78.

DAHLANDER L, PIEZUNKA H, 2014. Open to suggestions: How organizationselicit suggestions through proactive and reactive attention [J]. Research Policy, 43 (5): 812-827.

DAHLANDER L, WALLIN M W, 2006. A man on the inside: Unlocking communities as complementary assets [J]. Research Policy, 35 (8): 1243-1259.

DELLANDE S, GILLY M C, GRAHAM J L, 2004. Gaining compliance and losing weight: The role of the service provider in health care services [J]. Journal of Marketing, 68 (3): 78-91.

EBNER W, LEIMEISTER J M, KRCMAR H, 2010. Community engineering for innovations: The ideas competition as a method to nurture a virtual community for innovations [J]. R & D Management, 39 (4): 342-356.

ECK P S, JAGER W, LEEFLANG P S, 2011. Opinion leaders'role in innovation diffusion: A simulation study [J]. Journal of Product Innovation Management, 28 (2): 187 - 203.

EHRHART M G, 2004. Leadership and procedural justice climate as antecedents of unit-level organizational citizenship behavior [J]. Personnel Psychology, 57 (1): 61-94.

ELLONEN H K, KOSONEN M, HENTTONEN K, 2007. The development of a sense of virtual community [J]. International Journal of Web Based Communities, 3 (1): 114-130.

EKVALL, 1996. Organizational climate for creativity and innovation [J]. European Journal of Work & Organizational Psychology, 5 (1): 105-123.

FEIST G J, 1998. A meta-analysis of personality in scientific and artistic creativity [J]. Personality and Social Psychology Review, 2 (4): 290-309.

FELDMAN D C, 1984. The development and enforcement of group norms [J]. Academy of Management Review, 9 (1): 47-53.

FELIN T, ZENGER T R, 2014. Closed or open innovation? Problem solving and the governance choice [J]. Research Policy, 43 (5): 914-925.

FICHTER K, 2009. Innovation communities: The role of networks of promoters in open innovation [J]. R & D Management, 39 (4): 357-371.

FOREHAND G A, VON HALLER G, 1964. Environmental variation in studies of organizational behavior [J]. Psychological Bulletin, 62 (6): 361.

FRANKE N, VON HIPPEL E, SCHREIER M, 2006. Finding commercially attractive user innovations: A test of lead user theory [J]. Journal of Product Innovation Management, 23 (4): 301 - 315.

FRANKE N, SHAH S, 2003. How communities support innovative activities: An exploration of assistance and sharing among end-users [J]. Research Policy, 32 (1): 157-178.

FRANKE N, SCHIRG F, REINSBERER K, 2016. The frequency of end-user innovation: A re-estimation of extant findings [J]. Research Policy, 45 (8): 1684-1689.

FRONELL C, LARCKER D F, 1981. Evaluating structural equation models with unobservable variables and measurement error [J]. Journal of Marketing Research, 18 (2): 39-50.

FRANKE N, PILLER F, 2004. Value creation by toolkits for user innovation and design: The case of the watch market [J]. Journal of product innovation management, 21 (6): 401-415.

FUCHS C, SCHREIER M, 2011. Customer empowerment in new product development [J]. Journal of Product Innovation Management, 28 (1): 17-32.

FULLER J, SCHROLL R, VON HIPPEL E, 2013. User generated brands and their contribution to the diffusion of user innovations [J]. Social Science Electronic Publishing, 42 (6-7): 1197-1209.

FULLER J, ERNST H, 2006. Community based innovation: How to integrate members of virtual communities into new product development [J]. Electronic Commerce Research, 6 (1): 57-73.

FULLER J, HUTTER K, HAUTZ J, et al., 2014. User roles and contributions in innovation-contest communities [J]. Journal of Management Information Systems, 31 (1): 273-308.

GANGIP M D, WASKO M. 2008. Open innovation through online communities [J]. Knowledge Management and Organizational Learning: 199-213.

GANGI P M D, WASKO M, 2010. Steal my idea! Organizational adoption of user innovations from a user innovation community: A case study of Dell IdeaStorm [J]. Decision Support Systems, 48 (1): 303-312.

GANGI P M D, WASKO M, HOOKER R E, 2010. Getting customers'ideas to work for you: Learning from dell how to succeed with online user innovation communities [J]. MIS Quarterly Executive, 9 (4): 213-228.

GATIGNON H, TUSHMAN M L, SMITH W, et al., 2002. A structural approach to assessing innovation: Construct development of innovation locus, type, and characteristics [J]. Management Science, 48 (9): 1103-1122.

GATZWEILER A, BLAZEVIC V, PILLER F T, 2017. Dark side or bright light: Destructive and constructive deviant content in consumer ideation contests [J]. Journal of Product Innovation Management, 34 (6): 772-789.

GREWAL R, CHAKRAVARTY A, SAINI A, 2010. Governance mechanisms in business-to-business electronic markets [J]. Journal of Marketing, 74 (4): 45-62.

GRUNER R L, HOMBURG C, LUKAS B A, 2014. firm-hosted online brand communities and new product success [J]. Journal of the Academy of Marketing Science, 42 (1): 29-48.

GLICK W H, 1985. Conceptualizing and measuring organizational and psychological climate: Pitfalls in multilevel research [J]. Academy of Management Review, 10 (3): 601-616.

GUO W, ZHENG Q, AN W, et al., 2017. User roles and contributions during the new product development process in collaborative innovation communities [J]. Applied Ergonomics, 63: 106-114.

HAU Y, KIM Y, 2011. Why would online gamers share their innovation-conducive knowledge in the online game user community? Integrating individual motivations and social capital perspectives [J]. Computers in Human Behavior, 27 (2): 956-970.

HART S, HULTINK E J, TZOKAS N, et al., 2003. Industrial companies'evaluation criteria in new product development gates [J]. Journal of Product Innovation Management, 20 (1): 22-36.

HERRMANN D, FELFE J, 2014. Effects of leadership style, creativity technique and personal initiative on employee creativity [J]. British Journal of Management, 25 (2): 209-227.

HIENERTH C, LETTL C, 2017. Understanding the nature and measurement of the lead user construct [J]. Journal of Product Innovation Management, 34 (1): 3-12.

HIENERTH C, LETTL C, 2011. Exploring how peer communities enable lead user innovations to become standard equipment in the industry: Community pull effects [J]. Journal of Product Innovation Management, 28 (s1): 175-195.

VON HIPPEL E, 1976. The dominant role of users in the scientific instrument innovation process [J]. Research Policy, 5 (3): 212-239.

VON HIPPEL E, 1986. Lead users: A source of novel product concepts [J]. Management Science, 32 (7): 791-805.

VON HIPPEL E, 1988. The sources of innovation [M]. New York: Oxford University Press.

VON HIPPEL E, 1994. "Sticky information" and the locus of problem solving: Implications for innovation [J]. Management Science, 40 (4): 429-439.

VON HIPPEL E, 2001. Perspective: User toolkits for innovation [J]. Journal of Product Innovation Management, 18 (4): 247-257.

VON HIPPEL E, KATZ R, 2002. Shifting innovation to users via toolkits [J]. Management science, 48 (7): 821-833.

VON HIPPEL E., 1998. Economics of product development by users: The impact of "sticky" local information [J]. Management science, 44 (5): 629-644.

HOFFMAN D, KOPALLE P, NOVAK T, 2010. The "right" consumers for better concepts: Identifying consumers high in emergent nature to develop new product concepts [J]. Journal of Marketing Research, 47 (5): 854-865.

HOYER W D, CHANDY R, DOROTIC M, et al., 2010. Consumer co-creation in new product development [J]. Journal of Service Research, 13 (3): 283-296.

HUTTON E, SUNDAR S, 2010. Can video games enhance creativity? Effects of emotion generated by dance dance revolution [J]. Creativity Research Journal, 22 (3): 294-303.

IDRIS M A, DOLLARD M F, 2011. Psychosocial safety climate, work conditions, and emotions in the workplace: A Malaysian population - based work stress study [J]. International Journal of Stress Management, 18 (4): 324-347.

JAMES L R, 1982. Aggregation bias in estimates of perceptual agreement [J]. Journal of Applied Psychology, 67 (2): 219-229.

JAMES L A, JAMES L R, 1989. Integrating work environment perceptions: Explorations into the measurement of meaning [J]. Journal of Applied Psychology, 74 (74): 739-751.

JENSEN M B, HIENERTH C, LETTL C, 2014. Forecasting the commercial attractiveness of user - generated designs using online data: An empirical study within the LEGO user community [J]. Journal of Product Innovation Management, 31 (S1): 75-93.

JEPPESEN L B, FREDERIKSEN L, 2006. Why do users contribute to firm - hosted user communities? The case of computer - controlled music instruments [J]. Organization Science, 17 (1): 45-63.

JIANG K F, CHUANG C H, CHIAO Y C, 2015. Developing collective customer knowledge and service climate: The interaction between service-oriented high-performance work systems and service leadership [J]. Journal of Applied Psychology, 100 (4): 1089 - 1106.

KIM J H, BAE Z T, KANG S H, 2008. The role of online brand community in new product development: Case studies on digital product manufacturers in Korea [J]. International Journal of Innovation Management, 12 (3): 357-376.

KÖHLER C F, ROHM A J, RUYTER K D, et al., 2011. Return on interactivity: The impact of online agents on newcomer adjustment [J]. Journal of Marketing, 75 (2): 93-108.

KRIPPENDORFF K, 2004. Content analysis: An introduction to its methodology [M]. Thousand Oaks: Sage Publications.

KRISTENSSON P, GUSTAFSSON A, ARCHER T, 2004. Harnessing the creative potential among users [J]. Journal of Product Innovation Management, 21 (1): 4-14.

KUMAR A, TELANG R, 2012. Does the Web Reduce Customer Service Cost? Empirical Evidence from a Call Center [J]. Information Systems Research, 23 (3): 721-737.

KAUFFMAN S, 1993. Origins of Order [M]. New York: Oxford University Press.

KOCK A, HEISING W, GEMÜUDEN H G, 2014. How ideation portfolio management influences front-end success [J]. Journal of Product Innovation Management, 32 (4): 539-555.

KOESTLER A, 1989. The act of creation [M]. London: Arkana. Penguin Books.

KOZINETS R V, 2002. The field behind the screen: Using netnography for marketing research in online communities [J]. Journal of marketing research, 39 (1): 61-72.

LANDELLS E, ALBRECHT S L, 2013. Organizational political climate: Shared perceptions about the building and use of power bases [J]. Human Resource Management Review, 23 (4): 357-365.

LANGNER B, SEIDEL V P, 2015. Sustaining the flow of external ideas: The role of dual social identity across communities and organizations [J]. Journal of Product Innovation Management, 32 (4): 522-538.

LARSSON R, BOWEN D E, 1989. Organization and customer: Managing design and coordination of services [J]. Academy of Management Review, 14 (2): 213-233.

LAVE J, WENGER E, 1996. Situated learning: Legitimate peripheral participation [M]. Cambrige University Press.

LEIMEISTER J M, HUBER M, ULRICH B, 2009. Leveraging crowdsourcing: Activation-supporting components for it - based ideas competition [J]. Journal of Management Information Systems, 26 (1): 197-224.

LEONARD D, SENSIPER S, 1998. The role of tacit knowledge in group innovation [J]. California Management Review, 40 (3): 112-132.

LETTL C, HERSTATT C, GEMUENDEN H G, 2006. Users'contributions to radical innovation: Evidence from four cases in the field of medical equipment technology [J]. R & D Management, 36 (3): 251-272.

LI M, KANKANHALLI A, KIM S H, 2016. Which ideas are more likely to be implemented in online user innovation communities? An empirical analysis [J]. Decision Support Systems, 84: 28-40.

LILIEN G L, MORRISON P D, SEARLS K, et al., 2002. Performance assessment of the lead user idea-generation process for new product development [J]. Management Science, 48 (8): 1042-1059.

LYNN G S, MORONE J G, PAULSON A S, 1996. Marketing and discontinuous innovation: the probe and learn process [J]. California Management Review, 38 (3): 8-37.

LÜTHJE C, HERSTATT C, VON HIPPEL E, 2005. User - innovators and "local" information: The case of mountain biking [J]. Research Policy, 34 (6): 951-965.

LÜTHJE C, 2003. Customers as co-inventors: an empirical analysis of the antecedents of customer-driven innovations in the field of medical equipment [C]. Proceedings of the 32nd EMAC Conference, Glasgow, UK.

MAGNI M, AHUJA M K, MARUPING L M, 2012. Alleviating the Perils of Dispersion: A Study of Procedural Justice Climate and Team Innovation [C]. Academy of Management Proceedings. Briarcliff Manor, New York.

MAGNUSSON P R, 2010. Exploring the contributions of involving ordinary users in ideation of technology-based services [J]. Journal of Product Innovation Management, 26 (5): 578-593.

MAGNUSSON P R, WÄSTLUND E, NETZ J, 2016. Exploring users'appropriateness as a proxy for experts when screening new product/service ideas [J]. Journal of Product Innovation Management, 33 (1): 4-18.

MAHR D, LIEVENS A, 2012. Virtual lead user communities: Drivers of knowledge creation for innovation [J]. Research Policy, 41 (1): 167-177.

MARTINSEN O, KAUFMANN G, 1999. Cognitive style and creativity [J]. Encyclopedia of creativity, 21 (1): 273-282.

MATHIEU J E, TAYLOR S R, 2007. A framework for testing meso-mediational relationships in Organizational Behavior [J]. Journal of Organizational Behavior, 28 (2): 141-172.

MEHRABIAN A, RUSSELL J A, 1980. An approach to environmental psychology [M]. Cambrige: MIT Press.

MEUTER M L, BITNER M J, OSTROM A L, et al., 2005. Choosing among alternative service delivery modes: An investigation of customer trial of self-service technologies [J]. Journal of Marketing, 69 (2): 61-83.

MEYER A D, TSUI A S, HININGS C R, 1993. Configurational approaches to organizational analysis [J]. Academy of Management Journal, 36 (6): 1175-1195.

MITCHELL A A, DACIN P A, 1996. The assessment of alternative measures of consumer expertise [J]. Journal of Consumer Research, 23 (3): 219-239.

MORRISON E W, WHEELERSMITH S L, KAMDAR D, 2011. Speaking up in groups: A cross-level study of group voice climate and voice [J]. Journal of Applied Psychology, 96 (1): 183-192.

NAMBISAN S, BARON R A, 2010. Different roles, different strokes: Organizing virtual customer environments to promote two types of customer contributions [J]. Organization Science, 21 (21): 554-572.

NAMBISAN S, BARON A, 2009. Virtual customer environments: testing a model of voluntary participation in value co-creation activities. Journal of product innovation management, 26 (4): 388-406.

NAMBISAN S, 2002. Designing virtual customer environments for new product development: Toward a theory [J]. Academy of Management Review, 27 (3): 392-413.

NIJSTAD B A, STROEBE W, LODEWIJKX H F M, 2002. Cognitive stimulation and interference in groups: Exposure effects in an idea generation task [J]. Journal of Experimental Social Psychology, 38 (6): 535-544.

NOBLE C H, KUMAR M, 2010. Exploring the appeal of product design: A grounded, value-based model of key design elements and relationships [J]. Journal of Product Innovation Management, 27 (5): 640-657.

NONAKA I, 1994. A dynamic theory of organizational knowledge creation [J]. Organization Science, 5 (1): 14-37.

OGAWA S, PONGTANALERT K, 2013. Exploring characteristics and motives of consumer innovators: Community innovators vs. independent innovators [J]. Research Technology Management, 56 (3): 41-48 (8).

OGINK T, DONG J Q, 2019. Stimulating innovation by user feedback on social media: The case of an online user innovation community [J]. Technological Forecasting and Social Change, 144: 295-302.

PATTERSON M G, WEST M A, SHACKLETON V J, et al., 2005. Validating the organizational climate measure: Links to managerial practices, productivity and innovation [J]. Journal of Organizational Behavior, 26 (4): 379-408.

PERRY-SMITH J E, SHALLEY C E, 2003. The social side of creativity: A static and dynamic social network perspective [J]. Academy of Management Review, 28 (1): 89-106.

POETZ M K, SCHREIER M, 2012. The value of crowdsourcing: Can users really compete with professionals in generating new product ideas? [J]. Journal of Product Innovation Management, 29 (2): 245-256.

PROBSTAB G, 2008. Why communities of practice succeed and why they fail [J]. European Management Journal, 26 (5): 335-347.

RAGIN C C, 2000. Fuzzy-set social science [J]. Contemporary Sociology, 30 (4): 291-292.

RAGIN C C, 2009. Redesigning social inquiry: Fuzzy sets and beyond [M]. University of Chicago Press.

RAMAMOORTHY N, FLOOD P C, SLATTERY T, et al., 2005. Determinants of innovative work behavior: Development and test of an integrated model [J]. Creativity & Innovation Management, 14 (2): 142-150.

RANDHAWA K, WILDEN R, HOHBERGER J, 2016. A bibliometric review of open innovation: Setting a research agenda [J]. Journal of Product Innovation Management, 33 (6): 750-772.

RAYMOND E, 1999. The cathedral and the bazaar [J]. Knowledge, Technology & Policy, 12 (3): 23-49.

RIHOUX B, RAGIN C C, 2009. Configurational comparative methods: Qualitative comparative analysis (QCA) and related techniques [M]. New York: Sage Publications.

ROBERSON Q M, WILLIAMSON I O, 2012. Justice in self-managing teams: The role of social networks in the emergence of procedural justice climates [J]. Academy of Management Journal, 55 (3): 685-701.

ROGERS E M, 1995. The diffusion of innovations [M]. New York: Free Press.

RUMMEL R J, 1988. Applied factor analysis [M]. Chicago: Northwestern University Press.

SALOME G, 1994. The development of creativity [J]. Creativity Research Journal, 7 (4): 249-264.

SCHLAGWEIN D, BJORN-ANDERSEN N, 2014. Organizational learning with crowdsourcing: The revelatory case of LEGO [J]. Journal of the Association for Information Systems, 15 (11): 754-778.

SCHNEIDER B,EHRHART M G, MACEY W H,2013. Organizational climate and culture [J]. Annual Review of Psychology, 24 (1).

SCHNEIDER B, 1975. Organizational climates: An essay [J]. Personnel Psychology, 28 (4): 447-479.

SCHREIER M, PRÜGL R, 2008. Extending lead-user theory: Antecedents and consequences of consumers' lead userness [J]. Journal of Product Innovation Management, 25 (4): 331-346.

SCHULZE A, HOEGL M, 2008. Organizational knowledge creation and the generation of new product ideas: A behavioral approach [J]. Research Policy, 37 (10): 1742-1750.

SCHUMPETER J, 1950. Capitalism, socialism and democracy [M]. NewYork: Routledge.

SETHI R, SMITH D C, PARK C W, 2001. Cross-functional product development teams, creativity, and the innovativeness of new consumer products [J]. Journal of Marketing Research, 38 (1): 73-85.

SHAH S K, 2006. Motivation, governance, and the viability of hybrid forms in open source software development [J]. Management Science, 52 (7): 1000-1014.

SHALLEY C E, ZHOU J, OLDHAM G R, 2004. The effects of personal and contextual characteristics on creativity: Where should we go from here? [J]. Journal of Management, 30 (6): 933-958.

STERNBERG R J, LUBART T I, 1991. An investment theory of creativity and its development [J]. Human Development, 34 (1): 1-31.

SIBAI O, DE VALCK K, FARRELL A M, et al., 2015. Social control in online communities of consumption: A framework for community management [J]. Psychology & Marketing, 32 (3): 250-264.

SORA B, DE CUYPER N, CABALLER A, et al, 2013. Outcomes of job insecurity climate: the role of climate strength [J]. Applied Psychology, 62 (3): 382-405.

STEVENS S S, 1968. Measurement, statistics, and the schemapiric View [J]. Science, 161 (3844): 849-856.

STOCK R M, VON HIPPEL E, GILLERT N L, 2016. Impacts of personality traits on consumer innovation success [J]. Research Policy, 45 (4): 757-769.

STOCK R M, OLIVEIRA P, VON HIPPEL E, 2014. Impacts of hedonic and utilitarian user motives on the innovativeness of user-developed solutions [J]. Journal of Product Innovation Management, 32 (3): 389-403.

STRAUSS A, CORBIN J, 1990. Basics of qualitative research [M]. New York.: Sage Publications.

TERWIESCH C, ULRICH K T, 2009. Innovation tournaments: Creating and selecting exceptional opportunities [J]. Journal of Product Innovation Management, 52 (5): 69-70.

TIERNEY P, FARMER S M, GRAEN G B, 1999. An examination of leadership and employee creativity: The relevance of traits and relationships [J]. Personnel Psychology, 52 (3): 591-620.

TIETZE F, PIEPER T, HERSTATT C, 2015. To own or not to own: How ownership impacts user innovation—An empirical study [J]. Technovation, 38: 50-63.

TONTERI L, KOSONEN M, ELLONEN H K, et al., 2011. Antecedents of an experienced sense of virtual community [J]. Computers in Human Behavior, 27 (6): 2215-2223.

TSAI H T, BAGOZZI R P, 2014. Contribution behavior in virtual communities: Cognitive, emotional, and social influences [J]. MIS Quarterly, 38 (1): 143-164.

TSAI M T, CHENG N C, CHEN K S, 2011. Understanding online group buying intention: the roles of sense of virtual community and technology acceptance factors [J]. Total Quality Management & Business Excellence, 22 (10): 1091-1104.

TSENG H M, LIU F C, WEST M A, 2009. The team climate inventory (TCI): A psychometric test on a Taiwanese sample of work groups [J]. Small Group Research, 40 (4): 465-482.

URBAN G L, VON HIPPEL E, 1998. Lead user analyses for the development of new industrial products [J]. Management Science, 34 (5): 569-582.

VAN DYNE L, ANG S, BOTERO I C, 2003. Conceptualizing employee silence and employee voice as multidimensional constructs [J]. Journal of Management Studies, 40 (6): 1359-1392.

VAN DEN ENDE J, FREDERIKSEN L, PRENCIPE A, 2015. The front end of innovation: organizing search for ideas [J]. Journal of Product Innovation Management, 32 (4): 482-487.

VON HIPPEL E. 2006. Democratizing innovation [M]. the MIT Press.

WASKO M L, FARAJ S, 2005. Why should I share? Examining social capital and knowledge contribution in electronic networks of practice [J]. MIS Quarterly, 29 (1): 35-57.

WEST J, LAKHANIK R, 2008. Getting clear about communities in open innovation [J]. Industry and Innovation, 15 (2): 223-231.

WIERTZ C, MATHWICK C, DE RUYTER, 2010. A balancing act: Governance in a virtual p3 community [j]. Advance in Consumer Research. 37: 672-673.

WILLIAMS K Y, O'REILLY C, 1998. Demography and diversity in organizations: A review of 40 years of research [J]. Research in Organizational Behavior, 20 (3): 77-140.

WU S C, FANG W C, 2010. The effect of consumer-to-consumer interactions on idea generation in virtual brand community relationships [J]. Technovation, 30 (11-12): 570-581.

XU B, LI D, 2015. An empirical study of the motivations for content contribution and community participation in Wikipedia [J]. Information & Management, 52 (3): 275-286.

ZHENG H, XIE Z, HOU W, et al., 2014. Antecedents of solution quality in crowdsourcing: The sponsor's perspective [J]. Journal of Electronic Commerce Research, 15 (3): 212-224.

ZHU J J, LI S Y, ANDREWS M, 2017. Ideator expertise and cocreator inputs in crowdsourcing-based new product development [J]. Journal of Product Innovation Management, 34 (5): 598-616.

附　录

附录一　部分用户创意列示

编号	用户创意	所属社区	获评数
0037	**“没电关机后充电自动开机，你觉得怎么样？”** 如果不是我自动去关机的话，那么充电的时候会自动开机，这样是不是会省很多事儿？	MIUI 社区	492
0051	**可不可以做个通知栏流量监控显示呢？** 个人觉得通知栏显示流量监控很实用，很方便……可就是没有通知栏显示让我觉得有些遗憾，有没有人跟我一样觉得流量监控有必要出个通知栏显示的选项呢？	MIUI 社区	303
0100	**如何查看告警历史，使揪出隐患更加便捷？** 我的建议就是在动力设备上单击右键，增加一个“该设备一个月内同类告警历史查询”或者“该设备一个月内历史告警查询”，这样就极大地体现出了易用性，我非常期待有这个功能。	华为产品定义社区	9
0308	**建议加入关闭计算器自动旋转** 使用计算器一不小心就会不停旋转影响使用，应该增加选择“关闭自动旋转”手动展开选项	一加手机社区	10

续表

编号	用户创意	所属社区	获评数
0590	**建议在查看端口告警和性能的时候增加一个“冻结”功能——非常有用** 我非常期望有这个功能，因为当我们给这个端口解冻后，可以非常直观地感到后续的告警和性能一条一条地显示出来，我们可以根据之前的分析来逐条印证，非常棒的思路啊	华为产品定义社区	13
0612	**(汉化) 夜间护目滤镜 V1.2 本地汉化/去谷歌服务** 使用“夜间护目滤镜”能大幅度降低手机屏幕背光，并且过滤有害蓝光，从而达到屏幕不刺眼，不伤眼的目的。软件滤镜颜色可自由调整，也可在通知栏中快速开启/关闭滤镜，方便实用	机锋论坛	124
0711	**关于空调“听声音”制冷节能的解决建议——我的创新构思** 每天的风扇噪声让我们实在是很难接受（我们买了测试仪，最近的卡位噪声在 57db 左右）……我的建议，我们可不可以将转速转换为噪声呢？这就是标准的废物利用、变废为宝啊，我们将空调与安装在机房内的不同区域噪声（实现设置好门限）进行关联，当发现噪声增大的时候，就加大制冷量，反之就减少到一个均衡值。这个方案是否能让微环境测温的成本有所降低呢？	华为产品定义社区	5
0850	**优酷上发现了一个新奇的 Android 界面，希望 MIUI 能有所借鉴。** (视频)	MIUI 社区	562

续表

编号	用户创意	所属社区	获评数
0951	**强烈建议小米开发熄屏状态下的紧急求救功能！** 苹果系统有熄屏状态下连按五下开机键就自动进入报警模式，会把你的信息和位置发送给事先设置好的联系人，同时报警，还会把提前输入的血型、病史等关键的信息提供给警方，毕竟紧急情况下一分一秒都可能拯救一个生命！不能说有了这个功能会变得多么好，但至少会比没有这个功能更好，谁都不知道意外哪天会来到！	MIUI 社区	35
1000	**更新米 8 系统，加一个自带的谷歌框架** 工程师能不能后续系统更新给“小米 8”加一个自带的谷歌框架，有时要用到谷歌商店，没自带谷歌框架很不方便 mi2s 自带就有谷歌框架	MIUI 社区	7
1195	**建议一些核心设备（较重的设备）增加把手** 产品问题：设备较重而又没有设计把手，导致现场安装上架非常困难。 产品建议：目前很多 IT 设备都增加了把手，现场人员可以通过把手借力将设备上架。而我们目前的通信设备却并没有这方面的设计，建议能够增加	华为产品定义社区	14
1291	**设计：MIUI 改进、概念图，望开发组重视** 桌面类：与众不同的小窗口及 MIUI 强大的整合力…… 主题类：增加仅显示免费主题…… 音乐类：音乐支持云端播放 应用类：改善小米商店以及游戏中心的显示方式	MIUI 社区	636

续表

编号	用户创意	所属社区	获评数
1454	**3D 打印与电子产品相结合** 咱们平常玩的 3D 打印机，目前只能打印单一材料的产品，而和我们日常生活中花花绿绿的产品相比，它们确实单调了许多。我设计了一个 3D 打印与电子灯相结合的产品……也可以在传统产品上微创新，在其基础上融入 3D 打印的元素	点客社区	3
1501	**创意 U 盘制作** 目前市场上千篇一律的 U 盘造型估计早就让大家审美疲劳了，我分享一个创意 U 盘的制作，米奇头像的 U 盘……保存数据，导出 STL 格式，我们就可以进行切片和打印了，这样就得到一个米奇头像的个性 U 盘	点客社区	3
1732	**牙刷消毒器** 牙刷消毒器，外形小巧可爱，你只需要将牙刷刷头放在里面，按下按键就开始为你的牙刷消毒，内置紫外线杀菌电动装置，可杀灭牙刷上的病毒和细菌。几乎所有普通的牙刷和电动牙刷都适用，而且方便携带，尤其适合有洁癖的人士	美的开放式创新平台	26
2352	**建议大疆集成这种保护手指的传感停转器** 一旦检测到触碰，桨叶就立即停止	大疆社区	6
2748	**手机要是能实现电话接通后振动的功能就好了** 对于主叫方而言，电话接通后来一个振动提示，至少有以下 2 点好处：1. 可以避免拨电话过程中就将手机贴在耳朵上，从而减少辐射；2. 有时候主叫方因忙碌或者正与他人对话，拨电话时没有将手机贴在耳朵上，也没有看着手机屏幕，从而不知道电话何时接通的，常常在电话接通后迟迟不说话，给拨打双方都带来麻烦。如果有了这个功能，则可以很好地解决这个问题	花粉俱乐部	13

续表

编号	用户创意	所属社区	获评数
3019	**可开发防沉迷电脑屏幕** 在屏幕边设有 0~9 数字/确认/取消/退格键，可设定屏幕连续使用小时数，及使用时间和防沉迷功能 8 位数密码。时间到了萤幕电源关闭 20 分钟，这样电脑使用就可控了。父母应到公司主页注册屏幕序号/ 手机号，万一忘记密码，可进入主页得到重置密码	美的开放式创新平台	185
3519	**建议加入手势执行“拍照”和“停止拍摄”功能** 现在单独旅行自拍的比较多，用 DOBBY 自拍时手里老是拿着手机也不是办法。为了做到更好的用户体验，建议采用手势识别指挥无人机进行“拍照/摄像”动作，用手势指挥无人机执行“停止摄像”动作。这样的好处有：1. 解放用户双手，用户将手机放入口袋再进行各种动作的摆拍。2. 节省无人机存贮空间，节约用户剪辑视频的时间	零度无人机社区	394
3667	**建议增加一键返航** 每次拍完照片还得手动拉回来不方便，建议增加一键返航。这样拍好照片点下一键返航就方便多了	零度无人机社区	30
3809	**自己改造遥控器监视器夹子，卡得更稳** 原装夹子断了一个卡脚，换个新的要 180 元，不划算，于是只有自己改造。找一块硬泡沫，用裁纸刀划开，然后用双面胶粘起来就可以了。这样卡得更稳了	大疆社区	10
4109	**强烈建议开启手动拍照模式** 拍花的时候无论是感光还是对焦经常出错，强烈建议开启手动模式，把感光、曝光时间、对焦的参数开放为手动	锤子科技社区	78

附录二　调查问卷

尊敬的社区用户：

您好！非常感谢您在百忙之中参与本次问卷调查！本次调查属于国家自然科学基金项目“基于社交网络同侪影响的产品线规划与协调研究”的部分研究内容，您的客观准确填写，是后续研究获得准确研究结论的重要前提条件，对您的真诚合作致以衷心的感谢！在填写过程中请注意以下几点：

1. 所有题目的答案无对错之分，请根据您的实际感受填写即可；

2. 问卷信息严格保密，调查结果仅用于学术研究，成功发表时仅对外披露整体性统计结论；

3. 请根据您所在的某个具体创新社区的情况进行作答（不包括淘宝、微博、知乎、豆瓣等非产品创新社区）。

4. 问卷共计 56 个题项，全部作答大约需要 10~15 分钟的时间。

第一部分　基本信息

1. 您所在的社区是：____

2. 您是否曾在社区中提交过点子、想法或创意：是□　否□

3. 您的社区 ID 是：____

4. 您在社区中注册的时间有：1~6 个月□　6~12 个月□　1~2 年□　3 年以上□

5. 您的性别：男□　女□

第二部分　社区情况调查

小提示：回答以下问题时，您只需表明您对该问题的感觉程度，然后在相应选项处打“√”即可。

您对以下观点的认可程度	非常不同意	比较不同意	一般	比较同意	非常同意
创新是社区愿景的一部分					
社区旨在促进用户进行创新					
社区的口号中包含了创新的含义					
社区不断向用户宣传创新的意义和重要性					
社区会给创新用户给予荣誉等精神奖励					
在社区中，具有创新精神的用户会受到尊重					
社区会认可和赏识有创新精神的用户					
社区中有较多与创新相关的信息和知识					

续表

您对以下观点的认可程度	非常不同意	比较不同意	一般	比较同意	非常同意
社区会给用户提供一些创新资源					
社区提供了一些用于创新的工具					
社区会给用户提供创新相关的指导和支持					
社区中用户的交流很活跃					
在社区中发帖通常会得到积极的回复					
社区中用户之间的联系很密切					
社区中的用户总是乐于沟通					
社区中的一些小组经常共同参与任务					
社区会举办一些线上或线下活动					
许多用户乐衷于参与社区举办的活动					
社区活动一般都能得到用户的积极响应					
企业官方会在社区中与用户进行互动					
有时候，企业的高管会在社区中与用户互动					
企业官方的内部员工经常参与到社区中来					
社区的主题是相当明确的					
社区的主旨是根据企业的战略而制定的					
社区的主旨与企业的发展方向相一致					
社区为参与创意竞赛制定了明确的程序					
社区创意竞赛规则对每个参与者都是公开透明的					
社区创意竞赛有一套明确的评选标准					
社区创意竞赛的权利和责任都是很明确的					
社区创意竞赛的参与方式和流程都是很明确的					
社区中的等级制使高等级用户有更多权限					
加入社区的条件是比较严格的					
社区设立了实名认证制度					
社区管理者会经常性地监督用户的行为					
社区会严肃处理违反社区规范的行为					
管理者在维护社区秩序方面投入了大量精力					

第三部分：个人情况调查

您对以下观点的认可程度	非常不同意	比较不同意	一般	比较同意	非常同意
我渴望在社区中提出自己的创意					
我有参与社区创意活动的愿望					
我愿意在社区中分享我的观点					
我希望能为社区创意活动作出贡献					
我对产品技术架构具有很好的了解					
我对产品属性和性能有很好的了解					
与他人相比，我在此领域有更多的专业知识					
我对改进现有产品的要领有所掌握					
我对一些问题解决策略较为了解					
我知道如何参与和表达自己的创意					
我知道参与创意活动的流程和步骤					
我清楚参与创意活动的结果					
我知道社区对我参与创意活动的期望是什么					
我清楚自己能在创意活动中起到什么作用					